まくいく

1%の人だけが実行している45の習慣

井上裕之

PHP文庫

○本表紙図柄＝ロゼッタ・ストーン（大英博物館蔵）
○本表紙デザイン＋紋章＝上田晃郷

はじめに――この一冊で、あなたの人生はきっと変わる

あなたも「1％の人」になれる

なぜ、自分はダメなんだろう。思うことの半分もうまくいかない。周りには、もっとうまくいっている人がたくさんいるのに……。

こんなに頑張っているのに、なぜか物事がうまくいかない。自分には何が足りないのだろう。確実に成功している人とどこが違うんだろう……。

そう思って、この本を手にしてくださったあなた。

最初に、二つのことを知ってください。

一つ目は、周りの多くの人が「うまくいっている」わけではないというこ

と。たぶん、あなたが「うまくいっている」と思っている人も、あることはうまくいっているけれど、別のことはうまくいかなくて悩んでいるでしょう。

あなたもきっと同じです。仕事はまあ順調にいっている。でも、このところ、恋愛運は急降下。つい最近も恋人にふられてしまった……とか、仕事もプライベートもうまくいっているんだけど、このところちょっと体調を崩しがちだ……とか。たいていの人は、何かはちょっとだけうまくいき、多くのことはトラブっていたり、思いどおりにはいっていない。

「総じて人生がうまくいっている」という人は一%いればいいくらいでしょう。

二つ目に知ってほしいのは、あなたは、その「一%の人」になれるということ。私はこの二つをはっきり断言できます。

なぜなら、**私自身がごく普通の、その他大勢の九九%から抜け出し、現在は「すべてがうまくいっている一%の人」**に**変わることができたからです。**

私の人生を変えた出来事

私は北海道の帯広で、歯科医院を営んでいます。三一歳で開業し、来年で二〇年目を迎えます。

現在、歯科医院はコンビニより数が多いといわれるほど乱立し、厳しい経営を迫られているところが多いのが実状。そうした厳しい環境のなかでも、私の医院は道内外から多数の患者さんが来院され、なかには海外から来られる患者さんもいらっしゃいます。

私は歯科治療のスキルを磨くことや、歯科医院を経営するための知識や手法の研鑽《けんさん》には人一倍の努力を続けてきたという自負があります。さらに多くの方々のご支援もあり、開業当初から私の医院は順調に発展してきました。

しかし、心から満足することはなかなかなかったのです。

頑張っているのに、心からの満足感が得られない。努力の成果も、自分が期待するラインにはなかなか届かない。たとえ、周りからはそれなりの評価を得られたとしても、自分では焦りや不満が残っている。だから、幸せだとは言い切れない……。

おそらく世の中の大半の人はこうした気持ちでいるのではないでしょうか。私もまさしくその一人でした。その不満や焦りを打ち消し、自分が思い描くような人生を実現したい。でも、そう思って努力してもまた空回り……。そういう日々をどのくらい重ねたことでしょう。

そんなあるとき、私の人生を大きく変える出来事が起きました。ある日、家族旅行の途上で交通事故を起こし、妻が瀕死の重傷を負ってしまったのです。さいわい、その後、妻は奇跡的な回復を遂げることができました。

事故のあと、妻の回復を必死に願いながら、ともすれば絶望の淵に陥りそうになる自分を懸命に立て直そうとしていたころ、ふと入った書店で、それまで手にしたことがなかった自己啓発書と呼ばれるジャンルの本と出会ったのです。

こうした本で、心から満足できる人生を送るためには思考や行動を意識的に変えていく必要があることを知った私は、気がつくと何かに憑《つ》かれたように寸暇を惜しんで学ぶようになっていました。

手当たりしだいに心の成長や内面の充実に関する本を読み漁《あさ》り、毎週のように東京に通ってセミナーや研修会に次々参加。ついには海外にも勉強に出かけるようになっていました。

結果的に、こうした「学び」にかけた時間、お金は相当なものとなりました。しかし私はまったく惜しいと思いませんでした。心から満足できる人生を送るための貴重な教えを会得することができたからです。

歯だけでなく心も治療するように

こうした「学び」を通して、私の意識は本質的かつ劇的に変化しました。それに合わせて、医院のあり方も変化していったのです。

もちろん、歯の治療をすることに変わりはないのですが、歯科治療を通して人を幸せにしたい、社会のお役に立ちたい、より具体的に言えば、「単に歯を治すだけでなく、患者さんの心までを癒すような医療をお届けしたい」という思いが強くなりました。そして、そう願いながら治療を続けていると、「先生のところで治療していただくと、なんだかとても幸せな気分になるんです」と言ってくださる患者さんが実際に増えていったのです。

その後、「いのうえ歯科医院は、心の治療院でもある」という評判が広がり、二〇〇八年九月には初めての本を出版。すると、全国から手紙やメールでの人生相談が寄せられるようにもなり、現在までに六万人以上の悩みに接してきました。

好循環のスパイラルは「思い」から始まる

こうして多くの方々の悩みに接して分かったのは、かつての私と同じように、一生懸命頑張っているのにその**一生懸命さが空回りするばかりで結果に反**

映されない、どうにも「うまくいかない人」が相当の割合でいるという現実です。

一人でも多くの人を、そうした「負のスパイラル」から救い出してあげたい。しかし私一人のキャパシティーには限界があります。

そこで、本書では「人生がうまくいっている一％の人と、うまくいっていない九九％の人の違い」を四五の項目でご紹介していきます。

この本は、**私が多くのお金と時間をかけて学び取った「心から満足できる人生を実現するための思考や行動法則」のエキスを抽出したもの**だと言えるかもしれません。

思いどおりの人生を生きるのも、何をやってもうまくいかない人生を生きるのも、カギを握っているのはあなた自身。すべての可能性はあなたのなかに潜《ひそ》んでいるのです。

そして、人生を変える最初のきっかけは「思い」を変えることから。**思いが**

変われば行動が変わり、行動が変われば習慣が変わり、やがてすべてが思いどおりに変わっていくからです。その行程は天空に向かうらせん階段のように、スパイラルを描いてどこまでも上昇していき、みるみるあらゆることが変わっていきます。

こうして、**あなたは「すべてがうまくいくたった一％の人」に変わるのです。**

どの項目からでもいい。これならできるということから始めてみてください。やがて必ず、あなたの人生が大きく変わっていくことを私は確信しています。

二〇一三年一〇月

井上裕之

CONTENTS

1%の人だけが実行している45の習慣

SELF IMAGE

第1章 1%の人だけが実行している「セルフイメージ」の高め方

第2章 1%の人だけが実行している「時間」の増やし方

第3章 1%の人だけが実行している「仕事」との向き合い方

第4章 1%の人だけが実行している「人間関係」のコツ

第5章

SELF INVESTMENT

1%の人だけが実行している「勉強&自己投資」法

第6章

1%の人だけが実行している「幸福感度」の高め方

HAPPINESS

|

45

1％の人は、
楽しみながら努力を続ける

99％の人は、
歯をくいしばって頑張る

本文デザイン：高橋明香（おかっぱ製作所）

第1章

1%の人だけが実行している
「セルフイメージ」の
高め方

SELF
IMAGE

01
|
08

SELF IMAGE

1

真面目な努力家が陥りやすい「落とし穴」を知っている

うまくいっている1%の人は、

「自己否定グセ」がついている

うまくいっていない99%の人は、

「毎日、せいいっぱい頑張っているのにちっともうまくいかない」
「一生懸命やっているのに、思ったように成果が挙がらない」

セミナーの参加者や相談者から、こんな悩みを聞くことがよくあります。

休日を返上し、お金まで払ってセミナーに参加するくらいですから、セミナーの参加者はどなたも真面目な努力家ばかりです。

この本を手にした方もきっと同じでしょう。

そんな真面目な努力家が力いっぱい頑張っているのに、なぜ、思いどおりの結果が出ないのでしょう。

その理由は一つ。**真面目な努力家ほど、陥りやすい落とし穴がある**のです。

その落とし穴は、自分に対して常に否定的な評価しかしないこと。

受験生を例にとれば、たとえば、模試の結果、予備校内でトップ一〇に入る好成績をとった。普通なら「やったぁ!」と飛び上がるでしょう。

ところが、真面目な努力家は「自分はまだまだ。県内でトップ一〇に入らなければ」と自分にもう一ムチ入れます。

次に県内で一〇位以内に入ると、今度は全国で一〇位に入らなければダメだとさらにハードルを上げる。

すごく努力家だなあとよい評価をしたいところですが、これでは、結果的に自分をどんどん追い込む結果になってしまいます。

いつまでたっても、自分はまだまだダメ、というセルフイメージが書き変わることがないからです。

自分でも気がつかないログセで、自分の評価を下げている人もいます。

実は、かつての私もまさにそんな一人でした。

時間を見つけてコツコツ文献を読み、治療のシミュレーションをするなど黙々と治療スキルを磨く努力を続けているのは、いまと変わりありません。

でも以前は、「あ、また、ダメだ。なんでうまくいかないんだ」とか、「チッ、あと一息だったのに。ほんとダメだなあ」などと、ことあるごとにつぶやいていました。

せっかく努力をしているのに、同時に自分を否定することも続けていたのです。たとえれば、石を積み上げながら足元で積み上げた石を蹴飛ばし、崩しているのと同じです。

向上心の強い人は周囲も自分自身も、いつも前向きに努力していると思っているものです。ところが、自分を向上させたいという思いの一方で、気がつかないうちに自己否定をしてしまっていることがある。これが意外な盲点です。

1%の人になるために

自己否定はしない

SELF IMAGE

2

うまくいっている1%の人は、

プラスの言葉を意識的に使っている

うまくいっていない99%の人は、

マイナスの言葉を無意識に口にしている

「『あ、また、ダメだ』とか、『チッ、あと一息だったのに』なんて、単なる口グセ。そんな大きな問題ではないでしょう？」

前項を読んでそう思った人もいるかもしれません。

でも、「言葉は単なるコミュニケーション手段。意思伝達や情報を伝えるツールに過ぎない」と考えているなら、それは間違い。

言葉にはそれ以上の大きな力があります。言葉は人の思いにさまざまな意思や思考、感情さえも刻み込み、周りの人だけでなく、言葉を放った自分さえも動かしていくのです。

美しい言葉を使えば美しい思いが、力強い言葉を使えば力強い思いが、汚い言葉を使えば汚い思いがそのまま伝えられ、その方向に向かって、行動が始まります。

そう言われれば……と思い当たる人もいるはずです。

かなり自信を持って取り組んだ仕事。それなのに、途中で一瞬「あ、あせる。手がすべったらどうしよう」と自分にしか聞こえない声でつぶやいてしまった……。いちばんの難所はなんとかクリア。でも、「もう大丈夫だ」と思った瞬間になんと手をすべらせて万事休す！

うまくいかない人はたいてい、「うまくいかなかったら、どうしよう」「失敗しそうな予感がする」「あの人は感じが悪い」「この仕事は自分に向いてない」「ああ、疲れたなあ」「もう、イヤになっちゃった」というような否定的な言葉が口グセになっているものです。

同じ状況でも言葉を変えれば思いが変わる。そして、その逆もありなのです。

「疲れたなあ」「もう、イヤになっちゃった」と言いたいときには、「この仕事をクリアすれば自信がつきそうだ」「あと一頑張りしよう」「今日はよく働いたから、ごほうびに少し早めに終わろうか」と言うようにする。

同じ状況でも発想を切り換えれば、言葉はこれほど変わります。その結果、思いが変わり、やがて行動が変わる……のよいサイクルが回り始めます。

初めは意識的に、よい言葉、美しく響く言葉、明るい言葉を特に選んで使うようにしましょう。

よい言葉とは、自分の気持ちがほっとしたり、どこからともなく元気が出てくるような言葉。そういう言葉を使っていると自分でもとっても心地よいものです。そして、状況は何も変わらないのに、不思議なくらい元気な気持ちになり、その結果、もっと元気に次の行動に移れるようになります。

人は習慣の生き物なので、これはすぐに習慣として定着します。

1％の人になるために

うまくいく言葉だけを使う

SELF IMAGE

3

うまくいっている1%の人は、

自分の「よいところ」を大切にする

うまくいっていない99%の人は、

自分の「ダメなところ」を過剰に意識する

悩みの渦中にいると、自分の悪いところ、現状への不満ばかりが目について しまうという気持ちは私にもよく理解できます。私もかつてはそんな自分に翻弄されていたことがあったのです。

でも、そんなことばかり考えているとなんだか気が滅入ってきて、ますます自分がイヤになってくるだけです。

誰にも悪いところはあります。足りないところ、不満足なところもある。でも、いくら気にしても、解決できる問題とそうでない問題があるものです。

だったら、**自分のよいところ、我ながら自信があるところに意識を集中して、自分を見るようにしたほうがトクだと思いませんか。**

ハイライトやシャドウ、ラインなどを使い分けて自分のいいところを強調し、自信のないところはなるべく目立たないようにするメイクテクニック。これによって印象がガラリと変わり、素顔からワンランクもツーランクもアップした美形になれることをご存じでしょう。

さらに、ライティング技術の魔法をかけると、気になるお肌の欠点もまったく目立たなくなってしまいます。

自分のいいところだけに光を当てて、足りないところを目立たなくする。そうすれば、欠点はもともとないのと同じことになります。

仕事も同じです。

知人のドクターになぜかITアレルギーで、パソコンも携帯も簡単なメール送受信くらいしかできない人がいます。X線データなどをファイル添付でやりとりすればずいぶん便利になるので、「教えてあげますよ」と言っても初めから「ITは苦手」とブロックアウトしているので受け付けません。

でも、彼の手術の腕はピカ一なので、誰もそんなことに文句をつけないし、当人も「ごめん、時代遅れで……」と笑って終わり。

自己分析するとき、つい欠点を数えあげがちですが、欠点には目を向けず、

いいところ、長所だけを見つめるようにしましょう。

長所を最大級で評価するという思考のクセをつけていくと、長所はどんどん磨かれて、ますます光を放つようになっていきます。

満月の夜の月を眺めながら、この光に満ちた月に大きく窪《くぼ》んだクレーターがあるなんて誰も意識しないでしょう。

長所を磨き、輝くような存在になれば、たとえクレーターのような大きな凹みがあったとしても、そんな凹みには誰も目を向けなくなるのです。

1％の人になるために

自分の「よいところ」に目を向ける

SELF IMAGE

4

うまくいっている1％の人は、

自分の満足感を大事にする

うまくいっていない99％の人は、

他人からの評価を気にする

人が自分をどう思っているか。

気にならない人なんかいないと思います。

心や思いの法則性について学んできた私も、他人の評価がまったく気にならないわけではありません。本を出版すれば、当然、読者の評判が気になりますし、Facebookにメッセージを発信すれば、どんなコメントが返ってくるか、やはり気になります。


でも、他人からの評価にそう振り回される必要はありません。本当の評価は自分でする。これが大事なのです。

他人が行なう評価は他人の尺度、他人の価値観がものさしになっているもの。でも、人生はあくまでも、自分自身のものです。他人の評価で一喜一憂しても、自分の本質的な満足には繋がらないことも多いのです。

求めるべき本質的な「結果」は自分の心が肯定すること。これでよかったと自分が心底満足すること。これが、評価の大原則です。

たとえば、社内昇進試験の点数が八〇点だった。満点の一〇〇点に二〇点も足りない。だから、自分はダメ人間でしょうか。

人は、試験の点数のために生きているわけではありません。点数はよいにこしたことはないでしょうけれど、点数に振り回されて生きなければならないほど、人生はつまらないものではありません。

「八〇点？ よく頑張ったじゃないか。でも、まだ上の点数がある。次はもっといい点を取れるように頑張ろう」

こう考えれば、同じ八〇点が大きな満足感をもたらします。同じ八〇点が自分にとっては最高の評価に変わるのです。

八〇点はいまの自分が力いっぱいやった結果なのだ！ と受け止めれば、最高の満足感、幸福感を得られるでしょう。

他人の評価を気にしなければ、自分をもっと高めようというモチベーションは生まれないという反論もあるでしょう。

私は、もっと自分自身を信じています。現状から後退していく、現状に停滞していると、必ず「このままじゃあダメになってしまう」「もっと自分を引き上げていこう」という気持ちが湧いてくるものです。「自分はダメだ」「オレには価値がない」と思う人からはこういう気持ちは湧いてきません。

結果を正しく評価できるのは自分だけ。心の奥底に満ちてくる思い、それを感知できるのは自分だけです。

自分で下す評価の指標は点数ではなく、満足感、幸福感が高いか、低いか。目指す目標は、深い満足感、高い幸福力の持ち主になることです。

1％の人になるために

周囲の評価にとらわれない

SELF IMAGE

5

うまくいっている1%の人は、

自信は「自分で作っていくもの」と考えている

うまくいっていない99%の人は、

自信は「他人が与えてくれるもの」と思っている

私は、何かをやるとき、かなり準備段階に力を注いで、きっとうまくいくと確信を持って始めるようにしています。その結果、たいていはうまくいくことが多く、いまでは「きっとうまくいく」と自信を持って取り組めるようになっています。

自信は他者が与えてくれるものではありません。自信は自分で信じること。自分を信じること。

たとえ、あまり根拠がなくても、勘違いでも、極論を言えば、勝手に持てばいいもの。持ったもん勝ち。それが自信だと言うこともできるでしょう。

たとえば洋服を買いに行き、気に入った服を見つけて試着をする。ところがちょっと似合わなくて、期待したほどではなかった。そんなとき、「ぼくは背が低いから着こなせない」とか「私ってやせすぎで、これだけ胸元が開いていると貧弱に見える」などと、否定的に考える人が多いのではないでしょうか。

私も以前はそうでしたが、それではせっかく買い物に行ったのに、自分で自分を傷つけて帰ってくることになり、つまらないと気づくようになったのです。ですから、いまではその反対に、「（この服も悪くはないけれど）もっと自分に似合う服があるはずだ」「もっとかっこよく見える服を探そう」と考えるようにしています。

こうすれば自信を損なうこともなければ、意味なく傷つくこともありません。

自分が選ばれるのでは、と心中ひそかに期待していたチームリーダーに他の人が指名された。好きな人に思い切って告白したら「ゴメン。他に好きな人がいる」とフラれてしまった。

そんなことは人生にはいくらもあります。

こんなとき、「ああ、オレはやっぱり評価されていないんだ」とか、「もっとかわいく生まれていたら」などと自信を失うのはもうやめたほうがいいと思います。

「自分にはもっとふさわしい仕事があるはずだ」「私のベストパートナーはカレじゃなかったということなのね。きっと、もっと素敵な出会いがあるんだわ。その日のために、もっと自分を磨いておきなさい。そのためにあと少し時間をあげますよ、ということなのかもしれない」と多少強引にでも、自信を持つようにしたほうが、ずっといい結果になると、私は思います。

自信の素晴らしいところは、根拠のない自信でも、実体のない自信でも、ちゃんと自分を支えるチカラになることです。

「ウソから出た真《まこと》」ではありませんが、根拠のない自信もしだいに確かなものになり、やがて本物の自信になっていきます。

1%の人になるために

自信を持てない人の共通点に気づく

SELF IMAGE

6

心の鏡の歪みをそのままにしておかない

うまくいっている1％の人は、

間違ったセルフイメージを持っている

うまくいっていない99％の人は、

自信の対極にあるのがコンプレックス。

心のコーチングのときよく耳にするのは「私は人から好かれないことがコンプレックスで」とか、「人見知りで、コミュニケーション下手というコンプレックスが底辺にあり、なんでも一歩引いてしまう」というような言葉です。「私はコンプレックスのかたまり。毎日がつらくて」という人に出会ったことさえあります。

こういう人には、いくら「自信を持ちましょう。自信は根拠がなくても持っていいんですよ」とお話ししてもムダ。何を言っても耳に入っていかないのです。「自分はこうこうなのがコンプレックスだ」というネガティブな思いで、思考が完全にブロックされているからです。

コンプレックスは出身校がどこだとか、年収がいくらだとか、背が低いというような具体的な事実ではなく、「だから自分はダメだ」と思い込んでいる状態です。**コンプレックスの正体は事実ではなく、自分勝手な思い込みに過ぎま**

せん。別の表現をすれば、セルフイメージが歪《ゆが》んでしまっているのです。

セルフイメージは自分で自分をどう思っているか。自分がとらえた自分像です。でも、人は自分を見ることができません。心や思いはもっと見えにくい。

そこで、**自分の心のなかにある鏡に自分を映し出して見ることになるのですが、この鏡はちょっとしたことで簡単に歪んでしまうから、ちょっと厄介なのです。**

遊園地などでいろんな角度に微妙に歪んだ鏡がいくつも置いてある部屋がありますね。表面が前に張った鏡の前では太って映るし、反対に真ん中が窪んだ鏡の前ではすらりとやせて映る。どっちも同じ自分なのに……。

コンプレックスは、こうした歪んだ鏡に映った自分の像に、自分勝手に自信を失ってしまった状態なのです。

心の鏡の歪みは、自分で気づいて、自分で直していくしかありません。

「自分はダメだ」という思いが浮かびそうになったら、**「違う！　違う！　私はちっともダメじゃない」**と強く思うようにしましょう。

実際に大きく首を振ってもいい。声に出して言うのもいい。ダメじゃない理由を考える必要もありません。

ただ「自分はちっともダメじゃない」と言うだけでいい。

これを繰り返しているうちに、気がつくと鏡の歪みはきれいに直っているはずです。

1%の人になるために

歪んだセルフイメージを直す

SELF IMAGE

— 7

うまくいっている1%の人は、

コンプレックスは放置する

うまくいっていない99%の人は、

コンプレックスに執着する

コンプレックスは間違った思い込みであるだけでなく、ほとんどの場合、実体がありません。

たとえば、「私は人から好かれないのがコンプレックスで」という人に、「なぜ、好かれないと思うんですか?」と聞いてみると、「女子会に声をかけてもらえない」という返事が返ってきたりします。

たまたま、私の関係している会社の女性だったので、他の女性たちに「○○さんのこと、どう思っているの?」と聞いてみると、「すごい努力家。尊敬しているんです」と言うのです。

「女子会やるときなんか、誘っているの?」とさらに聞くと、「いいえ。前に一度、声をかけたら、夜はやることがあるから行けないわ、という返事だったので、かえって誘ったら悪いと思って……。それからは遠慮しているんですよ」

そこで、その女性に周りの人の反応をお話しすると、たまたま、その日の夜は用事があったので「夜はやることがある」と答えたことがあったそうです。

「好かれていない」は思い過ごしだったのです。周りの人は、努力家の彼女を尊敬し、努力を邪魔してはいけないとかえって気を遣っていたわけですね。

事情が分かれば、実はこんなことだったというケースはあんがい多いのです。


「コミュニケーション下手コンプレックスで……」のほうの人も、たぶん、自分でそう決めつけているだけの話でしょう。

私のクリニックにも以前、技術的には申し分がない、でも、話し方がトツトツとしていて、患者さんとのコミュニケーションはあまり得意とは言えないかもしれない、というドクターがいたことがあります。

「どうしたら、患者さまともっと上手にコミュニケーションできるようになれるでしょうか」と真剣に相談してきていたので、彼自身もコミュニケーションが不得意だという自覚はあったのでしょう。

でも、実際は、このドクターを指名される患者さんは非常に多かったのです。トツトツとした口調がかえって誠実な印象を与えていたようです。

上手なこと、下手なこと、得意なこと、不得手なことは誰にでもあります。そのたびにコンプレックスに陥っていたのでは、誰だって「コンプレックスのかたまり」になってしまい、身が持たなくなってしまうでしょう。

コンプレックスは自信の対極だと言いましたが、**自信とコンプレックスの根っこは同じ**、だと見ることもできます。どちらも、自分で勝手に持ったセルフイメージ。勝手に持っても自信は自信であるのと同じように、コンプレックスも自分で勝手に、「コンプレックスなんかない」と思えば、そのとたんに消えてしまうもの。

コンプレックスはそのくらい、根拠などないのです。**根拠がない思い込みに振り回される必要はない**、と思いませんか？

コンプレックスから抜け出したいなら、コンプレックスだと思っていることをあえて無視して行動してみるといいようです。

「みんなに好かれていない。女子会に誘ってもらえない」なんて思っていないで、「今日、女子会があるんですって？　私もまぜてもらっていい？」と、こだわりのない声で明るく持ちかけてみればいいのです。

「もちろん、大歓迎よ。どうぞどうぞ」

こちらがコンプレックスだと思い込み、こだわっていると、相手にもそれが伝わってしまうのです。こちらがこだわりやわだかまりを捨てて、積極的にアプローチすれば、相手もきっとカラッと対応してくれることが多いはず。

きっと、これですべて解決！　です。

1％の人になるために

「コンプレックス＝思い込み」と考える

SELF IMAGE

8

うまくいっている1％の人は、

自分は唯一無二の存在だと知っている

うまくいっていない99％の人は、

自分の存在価値に自信が持てない

人は弱い生き物であるという一面も持っています。せいいっぱい、自信を持とうとし、コンプレックスから抜け出そうとしても、周りから無視されたり、誰も声をかけてくれなかったりしたら……。そう、考えるだけでさびしくなり、つらさに胸が締め付けられそうになってしまいますね。そんなときは、これは一過性のことだ、こんな状態が長く続くわけはないんだと考えてみるとよいと思います。

人にはバイオリズムがあります。大きな周期、小さな周期、さまざまな周期で波を繰り返しているのです。人生には**うまくいくときもあれば、何かが少しずつズレてしまい、どうにもうまくいかないこともあるのはそのため、です。**

うまくいかないときは、この状態がいつまでも変わらないように思えて、「一生、さびしいままかもしれない」「誰からも声をかけてもらえない。私は存在している意味なんかない人間なんだ」と思ってしまう。こういう思いはどんどん負のスパイラルを描いてしまうものなのです。

存在している意味がない人間など、この世にいるはずがありません。

私は、自分は釈迦と同じ生まれだと思っています。

私だけではなく、あなたも、釈迦と同じ生まれです。

釈迦は生まれてすぐにすっくと立ち、「天上天下唯我独尊《てんじょうてんげゆいがどくそん》」と唱えたと伝えられます。「天上天下唯我独尊」とは、「私はこの世に唯一の存在です」という意味です。

私も、あなたも、実は「天上天下唯我独尊」です。人は誰一人同じ人間はいない。人類史を通じて唯一無二の存在。それほど希少な人が、なんの価値もないとか、取り柄がないはずはないでしょう。

私は特定の神の存在を信じるものではありませんが、何か偉大な存在があることは感覚的にとらえています。その存在を神というなら、この偉大な存在が、一人一人の人になんの価値も与えないとは考えられません。

自分はこの世でたった一人の人間だ。長い歴史を通じて見ても、たった一人

の人間だ。そう思うと、自分はかけがえのない人間なのだ。かぎりない希少価値を持っている存在なのだ、という自覚と深い満足感が湧いてくるでしょう。

「うまくいっている人」はみな、常にそうした自覚と満足感を心に抱いて生きています。

いまよりよくなろうという意欲や行動は、現状に満足していては湧き出てこない。現状に不満があるほうが噴出してくるはずだ、と思っている人が多いかもしれません。しかし、思いと行動の法則性を知ると、現状否定からはよい方向に向かう意欲や行動は生まれないと分かってきます。

常にスタート地点は自分に対する肯定的な思いから、です。

1%の人になるために

自分の希少価値に気づく

第2章

1%の人だけが実行している「時間」の増やし方

TIME MANAGEMENT

09―17

TIME MANAGEMENT

9

うまくいっている1%の人は、

「時間は有限」ということを強く意識している

うまくいっていない99%の人は、

「時間は無限にある」と勘違いしている

自分に与えられたもののなかでいちばん価値があるもの。それが何であるかを認識し、どう生かしていくか。それで人生は決まります。

そして私は、「いちばん価値があるのは時間。最も大事にすべきは時間だ」という考えを大事に生きています。

いま、この本を読んでいる間も流れていく時。その時をどうとらえ、意義あるものにしていくか。時間との向き合い方がすべてを決めるのです。

「これほど大事な時間なのに、うかうかしていると、自分の時間を他者に奪われることがある。それも、けっこう頻繁に」という人は多いでしょう。

しかし、**もっとシリアスな時間泥棒は、自分のなかに潜んでいます。**

今日は早めにうちに帰って、ゆったりバスタイムを楽しもう。そう思って好きな香りのバスバブルを買ったのに、会社を出たところで、同期の仲間にばったり。「臨時飲み会をやるの。参加しない?」と声をかけられて、一瞬、「今日はパスしたいな」という思いがよぎったのに、ついつい合流してしまった……。

こんなときの帰宅後の気持ちは「またやっちゃった。私、外面《そとづら》がいいのよね。でも、ちょっと疲れちゃった」とあまり心地よいものではないでしょう。誘われるままに、本当は行きたくないのに、飲み会に参加してしまった。でも、そうした時間の使い方を選んだのは、ほかでもない自分自身。時間泥棒の真犯人は自分なのです。

仕事や家事など、人にはしなければならないことが山ほどあります。残りの自由な時間はいっそう貴重な価値を持っているはず。この時間は、何よりも自分のしたいこと、思いのままに使うクセをつけるとよいと思います。

自分の思いに反する時間の使い方は、人生に対する裏切り行為だというくらい、厳しく考えるようでちょうどいいでしょう。

二度と巡ってくることのない一瞬、一瞬を一〇〇%、自分の思いどおりに使う。これがかけがえのない時間をリスペクトする姿勢です。

私事ですが、先頃、父を亡くしました。

最後の鼓動が止まり、父の人生の時間が止まったその瞬間、私はこれまで味わったことがないほどの深い感慨にひたっていました。深い悲しみが込みあげてくると同時に、父が私に大きな教えを示していることを感じたのです。

一人の人間に与えられた時間は厳しく有限です。

人生の長さは人それぞれ違いますが、誰の時間もいつかは止まる。持ち時間がゼロになる瞬間がくる。確実に——。最後の時間を使いつくした父から、そんな言葉が聞こえてくるようでした。

時の刻みは生命の刻みです。一瞬、一瞬の時の価値をかみしめて、時間と真摯に向かい合う。どんな場合も、自分がそうしたいと心から願うことを最優先に、時間を使っていきましょう。

1%の人になるために

「時間=命」と考えて大切に使う

TIME MANAGEMENT

10

うまくいっている1%の人は、

「いま最優先すべきこと」が常に明確

うまくいっていない99%の人は、

あれもこれもやろうとしてストレスを抱えている

やりたいこと、しなければならないことがこんなにあるのに時間が足りない。時間があればもっと満足のいく仕事ができる。もっと学ぶこともできる。家族や友だちとももっと楽しむことができる。

とにかく時間が足りない、足りなすぎる……。

こんなふうに思っている人は少なくないでしょう。

酷なようですが、**そう思っている間はいつまでたってもあなたは同じ言い訳を繰り返し、同じ嘆きを繰り返すだけ。**

私が出会った人生の成功者たちから、時間が足りないという嘆きを聞いたことはありません。驚くほど多忙な人ばかりですが、誰一人、時間に追われているという感じは持っていないのです。

その理由は、成功者たちは時間のクオリティを高めて使っているから。一日二四時間という時間は、クオリティを高めることによって有限のタガがはずれ、価値を無限といってもよいくらい、拡大できるのです。

時間のクオリティを高めるには、時間を何に使うか、優先順位を決めることです。

毎日あれもこれもやろうとする。もちろん、それはできない相談だから、絶えず、あれかこれかと心が揺れている。これでは時間のクオリティは下がる一方で、不安と不満にいつも心が揺れてしまいます。

優先順位を決めてあれば、急な要件が出来《しゆつたい》したり、予期せぬ事情が起こったときも、迷うことなく、選ぶべき行動が決まります。

たとえば、学生時代の友人から、前からアタックしたいと思っていた企業に紹介してくれるというメールが届いたとしましょう。「この日の午後イチはどうか」と日時まで指定されています。ところが、その日はある勉強会に参加する予定を組んである……。こうした場合も、いまはスキルアップのための勉強が第一優先だと決めてあれば、次のように即答できるでしょう。

「本当に申し訳ない。その日は以前から申し込んであるセミナーと重なっていて。勝手なようだけど、滅多にないセミナーなので、今回はセミナーに参加したいんだ。できれば別の日に時間をとっていただけるよう、頼んでもらえないだろうか」

こうした迷いのない姿勢は相手にも好感を持って伝わります。取引先に紹介してもらえる機会は必ず、近くまたあるでしょう。

私が出会った成功者たちは、常に最優先のことを明確に意識し、そのことに集中して時間を使っています。その結果、時間価値は最高に高まり、**「時間が足りない」という不満が入り込むスキはみごとに消えてしまう**のです。

1％の人になるために

「最優先事項」に集中して時間を使う

TIME
MANAGEMENT

11

うまくいっている
1%の人は、

「時間は買える。しかも高くない」と考えている

うまくいっていない
99%の人は、

「時間を買う」という発想がない

時間は買うこともできます。

絶対に自分がやらなければならないということ以外はそれぞれのプロフェッショナルの手に委ねる。私が時間を創り出すために使っている方法です。

たとえば、私のクリニックには優秀なドクターがいるので、私が東京や海外に出かけているときも診療体制は万全です。また、移動のためのチケットを手配するとか、税務処理などは自分以上にその領域に優れている人に任せています。

こういう人を私は**パワーパートナー**と呼んでいます。**時間はパワーパートナーの数が増えれば増えるだけ拡大できる。**パワーパートナーが二人いれば、私を加えて、一時間は三倍に拡大して使えることになります。

「人に頼めば、それなりのコストがかかるでしょう?」というお尋ねもよく受けます。それは当然です。

それなりの対価を支払って、相手の時間を買っている。いえ、時間を〝買わせていただいている〟と、私は考えています。

時間を買う余裕なんかない、と言いたい人もあるでしょう。

でも、コストパフォーマンスから考えてみたら、どうでしょうか。

時間はたとえ一秒だって再生できません。ですから、時間は限りなくプレシャス、プライスレス。プライスレスな時間をあるコストで買える！

ここに気づくと、「時間を買うことは最高のコストパフォーマンスでお金を使うことだ」という考えに変わるでしょう。

パワーパートナーはみな、それぞれの領域のプロフェッショナルですから、私以上のパフォーマンスで仕事をこなしてくれます。プロフェッショナルに支払うお金はけっして高いとは言えないと思っています。

移動の時間を短縮することにコストをかけている人もいます。これも〝時間を買う〟のバリエーション。知り合いの先生は、通勤に高速道路を使っています。毎日、往復の高速料金は少ない負担ではないでしょう。

「でも、浮いた時間をお金で買ったと思えば、安すぎるくらいですよ」。彼はさらりとこう言います。こうした考え方もあるのです。

この考え方とよく似ていますが、旅行先ではどんどんタクシーを使う、という知人もいます。

「バスを待ったり、道に迷ったりの時間がもったいないんです。旅先まで行くのに、飛行機代とか新幹線代などけっこうお金をかけているんですよ。旅を満喫するためのタクシー代は惜しくありません」

これも一つの考え方です。**お金は働けばまた手にできますが、同じ時間は二度と手にできません。**時間を〝買う〟発想をぜひ持ってみてください。

1%の人になるために

時間に積極的に投資する

TIME MANAGEMENT

12

うまくいっている
1%の人は、

朝の「清浄な時間」を
大切にしている

うまくいっていない
99%の人は、

毎朝、時間に追われて
バタバタ

朝の時間はどの時間帯よりもポテンシャルに満ちています。

そのすごい力を取り込むと、自分のポテンシャルもぐんぐん高まっていく。

私は毎朝、それを実感しています。

私の起床は六時。どんなに忙しいときでも、いや、忙しければ忙しいほど、「朝の静かな時間」を必ず作ることを大事にしています。

朝の空気には霊気と言えるような、清浄な生命エネルギーがみなぎっていることを強く感じます。

季節によっては、やがて東の空が明るみを帯びてきて、しだいに空いっぱいが黄金色に染まっていきます。いよいよ、新しい一日の始まりです。

浄化された朝の時間にひたっていると、**時間にも鮮度や疲弊感があることが五感のすべてに染み入るように分かってきます。朝から昼、そして夜……。一日の時間経過にしたがって時間も淀《よど》み、濁り、疲れがにじみ出てくるのです。**

朝の時間には、心を満たす思いや想念を自在に書き込むことができるのに、夜遅く、疲れはてた時間には、同じように思いを浮かべても、なかなか自分に入っていかないのはそうした理由からでしょう。

神事はたいてい早暁《そうぎょう》に行なわれます。それと同じように、新たなことを始める。人生を左右する大事を手掛ける。そんな日はふだんより早く起き、清浄な時間に第一歩を踏み出すようにしてみましょう。

目覚まし時計のけたたましい音にしぶしぶ起き出し、まだ目が覚めきっていないうちに家を飛び出す。そのうえラッシュアワーの電車が容赦なく精気を奪っていく。一日をこんなふうに始めれば、朝から大きなハンディを負ってしまったのと同じです。

朝についた差は一日続き、一週間、一カ月、一年……とさらに積算されて、圧倒的な差になっていくでしょう。

私は、起床後三〇分ほど、無為の時間を作っています。あえて何もしないでぼんやりと時間を過ごすのです。北海道の朝は夏でもひんやりと心地よいのです。清浄な空気を胸いっぱいに吸い込み、それから軽くストレッチをして体や脳の細胞を心地よく刺激する。こうして一つ一つの細胞をゆるやかに目覚めさせていくのです。

原稿の執筆や出版する本の校正に目を通すなど、集中力が必要な作業も朝のうちにすませると、驚くほど仕事の精度が高まります。電話やスタッフの声で集中力が中断されることがないから、どの時間よりも集中できます。

古いことわざにあるように、**「朝のわずかな時間は午後の数万時間に匹敵する」**のです。

1%の人になるために

いまより三〇分早く起きる

TIME
MANAGEMENT

13

うまくいっている
1%の人は、

スケジューリングは
〝好い加減〟に

うまくいっていない
99%の人は、

時間管理意識が
過剰(または過少)

時間は目に見えず、耳にも聞こえないままに、どんどん流れていってしまいます。だから、ふっと気がつくと「え、もうこんな時間なの！」と驚くことがよくあるのです。

正体がないようでいて、しっかり正体がある。とらえどころがないようでいて、二度と取り戻すことはできない。そんな難物の時間をうまく使いこなすには、上手に時間管理をしなければなりません。

「先生はいくつ体をお持ちなんですか？　歯科医師として忙しいお仕事のほかに、これだけのことをしているなんて信じられません。きっと、綿密に時間管理をされているのでしょうね」

こう言われることがよくあります。しかし、私の時間管理は意外とゆるいものです。

人と会う時間、セミナーの開始時間など、**ポイント、ポイントの時間を決めると、あとは流れで予定を把握しておくだけ。呆れるくらいゆるゆるの時間管**

理しかしていませんが、意外にもこのゆるゆる管理のほうが、結果的により多くの予定をこなせるのです。

クリニックには受付やアシスタントスタッフがいますが、セラピストとしての活動や講演、セミナーなどはいつも一人。秘書も同行しませんし、アシスタントもいません。しかも、自宅やオフィスからではなく、東京のホテルを足場にあちこち出かけていくので、北海道を出発するときから資料を準備し、講演の数だけ服装も用意しなくてはなりません。東京のホテルではその日の予定に必要なものを忘れずにすべてカバンに入れる。それから、渋滞を見込みつつ、ロスタイムがないように時間を読んで配車を依頼し、ホテルを出る。こうしたマネジメントもすべて一人でこなしています。

ゆるめの時間管理のほうが、かえって効率的に時間を使えることは、こうした忙しさを自分なりにクリアしてきた経験則から生み出されたもの。自由裁量度が高いと時間に自由度が生まれ、それだけ可動域が広くなり、同じ時間内にできることの可能性が高まるのです。

私の時間管理は、午前中にAとBをすませてその合間にコーチングを行なう。午後二時に新しい出版計画について××さんとホテルのラウンジで打ち合わせをする。その後、夕方までの空き時間にショッピングをして、六時からセミナー。こんなふうに、時間が決まったアポは二つか三つに止め、あとは流れで進めていくスタイルです。

途中で急に予定の順番を入れ換え、明日の予定を繰り上げてその日にこなしてしまうこともあります。一見、いい加減に見えますが、経験上、これが多忙な予定をいちばん確実にこなす時間管理法だということに落ち着いています。

相手があるアポなどの決まりをつければ、あとはその日の予定がその日のうちにクリアできればいい。こんなふうに考えていれば、途中、予定時間どおりにいかないことがあっても、それならBの用件を先にすませておこうと、予定の順番を入れ換えればいいと融通がきき、あせったり、あわてたりがありません。

ゆるめの時間管理は自分を追い込むことがなく、精神的に負荷を負うことも余裕を失うこともまずありません。よい気分で先へ、先へと予定をこなしていけるので、結果的に多忙な日程も上機嫌でこなせるのです。

時間管理が大事であるとお話しすると、学生時代の時間割を思い出すのか、曜日と時間軸を縦、横にしてマス目を作り、そのマス目のすべてにぎっしり予定を詰め込む人が少なくありません。

いかにも几《き》帳面《ちようめん》で、完璧な時間管理に見えますが、こうしたスキ間なしの時間管理でうまく働くのは無人工場のオペレーション管理くらいでしょう。人は機械でもOA機器でもない。生身の体に不安定になりがちな精神を備えていることを忘れてはいけません。

不安定なものはゆるやかで余裕のある環境に置き、揺らぎの余地があるほうがかえって安定する。物理的にも認められているこの公式は、人の心の管理にも最適なのです。

1%の人になるために

時間はあえて「ゆるく」管理する

TIME MANAGEMENT

14

うまくいっている1％の人は、

計画を立てたらすぐ実行する

うまくいっていない99％の人は、

計画を見直してばかりで実行しない

失敗が許されない重要な仕事、周りからも期待をかけられる大一番、ここぞという人生の正念場……そんなとき、たいていの人が「たっぷり時間をかけて準備したい」と考えます。

ところがこの考えこそ意外な落とし穴。**準備にかける時間と成果は必ずしも比例しない。むしろ反比例することのほうが多いくらいです。**

慎重にことを運ぼうとするあまり、準備に準備を重ね、時間をかけていると、結果的に何度も繰り返し計画案を見直すことになります。そのたびに、失敗したくない、必ず成功させたいという思いがどんどんふくらみ、計画段階での見直しばかりが繰り返されることになる。

こうして**計画をこねくり回している間に、最初のきらめきや計画の鋭く光っていた部分が徐々に摩耗し、突出した部分を自らつぶしていってしまう**ことが少なくないのです。

マグロをおろす。そんな光景を思い浮かべてみてください。一気にスパッと切ったところは切り口も光っていて見るからに美味《おい》しそう。慎重を期してのことでしょうが、時間をかけて切った切り口は光沢感がなく、せっかくのマグロなのに、あまり美味しそうに見えない……。

どんなに万全に準備しても、完璧な計画などあり得ません。仮に完璧な計画をまとめたとしても、計画どおりに進むこともありません。

準備にばかり時間をかけるのは、子離れできない親に似ています。私も人の子の親なのでその心情は分からないわけではありませんが、手をかけすぎてよい結果が出たことはないのですね。

どんなことも、ＰＤＣＡ（PLAN・DO・CHECK・ACT）サイクルで進んでいくという考え方を行動の指針にしましょう。計画はものごとの一部に過ぎないのです。計画、準備の先には、DO・CHECK・ACTとやるべきことがまだ三行程もある。大事なのは、ＰＤＣＡの全サイクルを進めて、初めてことは完結するという認識です。

この全行程を見通せば、準備にかけられる時間もおよそ見当はついてきます。

私は、計画の七割が固まったら行動に移すことを基本としています。この機敏さが計画のとがった部分を失わずにうまく進めていくカギなのです。

準備に時間をかけすぎることには、別の大きな問題も潜んでいます。

人には、どんなことも「もっとよいものにしたい」という強い欲望がありま す。これがプラスに働いている間はいいのですが、向上したいという欲望を強く持ちすぎると、一転して否定的な回路をたどることがあるのです。

「もっとよいものにしたい」＝「いまのプランはまだまだ不出来だ」という現状認識から強い自己否定へと進んでしまい、その結果、下方へ下方へと底なしに意欲がそがれていってしまうのです。

みなでえんえんと話し合っているうちに、なんだかもうどうでもいいや、という気分になってしまったことがあるでしょう。まさに、その状態です。

こうなると、簡単に気持ちを上向かせることはできません。

人は思いの生き物であると同時に、行動の生き物です。準備段階は思いの段階。そこから行動に移行して、初めてやり甲斐やリアルな満足感が生まれてくるのです。

思いだけでは結果には到達しません。結果は行動することからしか得られないのです。準備はあくまでも、結果を生み出すための一つのプロセス。

仕事でも、プライベートでも、温めている計画があるなら、そろそろ準備段階を抜け出して、行動へと段階を進めませんか。

準備に時間をかけすぎない

TIME MANAGEMENT

15

うまくいっている1%の人は、

「どういう気持ちで過ごせたか」を大切にする

うまくいっていない99%の人は、

「何をやったか」だけで時間の価値を判断する

「時間をムダにしないように」と言われると、遊びの時間やぼんやりする時間をなくさなければ、と自分に言い聞かせたりしていないでしょうか。

これは大きな勘違い。最もムダな時間とは、嫌いなことで時間を使ったり、やりたくもないことを我慢してやるというような、あとで後悔する時間なのです。

たとえば**ゲームに熱中しても、競馬やマージャンに夢中になっても、うっかり寝過ごしてしまったとしても、「その時間が心地よかった」「おかげですっきりした」というなら、けっしてムダな時間ではありません。**

心と行動の法則性に基づいて考えれば、いい気持ちで過ごせた時間は、たとえ何をしていても有意義。

反対に、つらいなあ、苦しいなあと思いながら過ごした時間は、どんな立派なことに見えても、自分にとってはムダな時間、ムダは言いすぎだとすれば無意味な時間。苦の度合いによってはマイナスの時間、できるだけなくしたい時間になるのです。

うっかり酔いつぶれてしまった。大幅に時間延長してカラオケで歌いまくっちゃった……。そんな場合には、「ああ、なんて自分はバカなんだろう」と自分を責めないでください。責めてしまった瞬間に、その時間は無為な時間になってしまうのですから。

こういうときは「まあ、たまにはいいか」とか、「ときにはこんなことも必要かもしれないなあ」と考えればいいのです。思いを切り換えれば、その時間は一気に有意義な時間に転換できます。

1％の人になるために

時間をムダにしても自分を責めない

TIME MANAGEMENT

16

うまくいっている
1%の人は、

本は「人の目」を借りて読む

うまくいっていない
99%の人は、

本は時間がないから読まない

一冊の本には、著者の長年の知的研鑽や豊かな人生経験が詰め込まれています。しかも、**本はきわめてリーズナブル**。素晴らしい文庫本と出会ったときなど、これだけの知的資財がカフェのお茶代くらいで買えることに、感動してしまうことがよくあります。

本を読まない理由は、「時間がない」がいちばん。「書店に行っても、どんな本を選んだらいいか分からないので」という声も聞こえてきます。

この悩みは私もまったく同感です。素晴らしい本であればあるほど時間を忘れて読んでしまい、他の予定に食い込んでしまうことがよくあるからです。

私も、書店に行くと読みたい本が次々目に飛び込んできて、どれを選んでいいか、分からなくなることがよくあります。

出会いを大事に考える私は、強い訴求力で目に飛び込んできた本はできるだけ買うようにしていますが、読む時間がとれないままに、買った本がどんどん積み上がっていくのは、ちょっとしたプレッシャーです。

そのうえ毎日、新刊が次々発売されます。一生の間に一人の人間が読める本の数は何冊ぐらいになるのでしょうか。片っ端から読んでいったとしても、読める本はかなり限定されてしまいます。

そこで、私が編み出した読書法は**「他人の目も借りて読む方法」**。

具体的には、誰かが「あれはいい本だった」という本、新聞や雑誌などの書評で取り上げられた本などを参考に、読むべき本を絞り込んでいくのです。

新刊書のなかから「一読の価値がある」本を選び、その内容を要約して送ってくれる書籍紹介の情報誌もあります。

こうして、まず他者の目で読んでもらい、おおよそ選択をした精鋭書のなかから、自分の目と感覚で本当に読むべき本を選び出していくわけです。

速読、速聴も積極的に取り入れたい読書法です。

私も速読法にチャレンジしたことがありますが、私はどうも聴覚優位らしいのです。そこで速聴に切り換え、車を運転しているときや、帯広と東京を往復する移動時間はたいていイヤフォンを耳に入れています。

最近は、オーディオブックの品揃えもだいぶ充実してきています。それを三〜四倍速で聴いて「読む」のです。

多少コストはかかりますが、これも、時間を〝買う〟ことの延長線上だと思っています。

1%の人になるために

「本の案内人」を持つ

TIME MANAGEMENT

17

うまくいっている1%の人は、

「独りの時間」をあえて作る

うまくいっていない99%の人は、

自分と向き合う時間がない

厳密に自分だけのものなのに、他の人の時間との間にはっきりとした境界がない。そのうえ、簡単にお互いに浸潤《しんじゅん》しやすい。これも時間の特徴です。

一般的に、時間の八割は純粋に自分の時間ではなく、他の人の都合で引きずられ、思いどおりに使えない時間ではないでしょうか。

「私なんか、起きている間じゅう、人のために時間をつぶされてしまっているわ。ほっとできるのは寝るときだけ」

子育て中のお母さんとか、介護中の人のなかには、こんな本音をもらす人もいるかもしれません。でも、他の人の都合で時間をつぶされてしまうというなら、なおのこと、なんとかして**一日に三〇分でいい。自分だけと向き合う、独《ひと》りの時間を持つこと**を強くおすすめします。

最近は、よほど決意をしっかり持っていないと「独り」になれない時代です。インターネットを介して絶えず誰かと繋がっている。そうしていないとどこか不安でさびしい。そんな人が大増殖しています。

これはきわめて危険な兆候です。

こうして、常に他の人と繋がっていると、どうしても人に影響されてしまい、しだいに、自分自身と向き合うことができなくなっていく。精神的な自立が危うくなってしまうのです。

あえて独りの時間を作り、自分自身としっかり対峙するようにしないと、少々のことでは揺るがない、強い自分を保つことができなくなってしまいます。

やさしい性格の人、「人がいいのね」とよく言われるという人は特に気をつけないといけません。誰かに声をかけられると、「せっかく誘ってくれたのに悪い」と断ることができないからです。

「ちょっと時間あるか?」「ああ、少しくらいならな」。そう言って飲み始めたはずが、気がつくと、二時間、三時間と過ぎていた。そんな経験は誰にだってあります。でも、毎回そうでは人がよすぎます。というより、はっきり言えば、人に引きずられすぎ。二度に一度は断固NOと言って、自分の時間を確保するようにしたいところです。

成功者のなかには毎朝、瞑想の時間を持ち、座禅を組むなどして、自分一人の世界にひたることを大事に続けている人が少なくありません。

私は毎週のように週末は東京で過ごしています。ホテルで過ごす朝と夜は完璧に独り。幸いなことに（?）、私はお酒を飲まないので、夜の時間をむやみに侵蝕されることもありません。

地元、北海道を離れて過ごす独りの時間、気がつくと、私は自分だけの世界を深く掘り下げて考えていることがよくあります。

この独りの時間がなかったら、いまのように、たくさんのことを順調に進められる状況は実現できなかったかもしれない、とよく思います。

1%の人になるために

一日三〇分、独りの時間を持つ

第3章

1%の人だけが実行している「仕事」との向き合い方

WORK 18—23

WORK

18

うまくいっている
1%の人は、

「頑張ります」という言葉は使わない

うまくいっていない
99%の人は、

「頑張ります」とよく口にする

日本人はとりわけ「頑張る」ことが大好きな国民です。スポーツ選手が全国大会や国際試合に出かけるときなども、決意表明の言葉はきまって「頑張ってきます。応援よろしくお願いします」。

でも、実力を出しきれず、成果がついてこないことも多い……。

私は、その理由は、**「頑張ります」「頑張ってきます」と言ったその段階で目標を達成したと思ってしまう**、そんな錯覚が心を惑わすからではないかと思っています。

あなたの身の周りにも、何かにつけて「頑張ります！」と口グセのように言う人がいませんか。上司が言葉をかけるたびに、「はい、頑張ります」と実によい返事をします。でも、実際にはなんら行動が伴わない……。

「頑張ります」と言いながら、なぜ、行動が変わらないのでしょうか。

私には、その理由が見えています。「頑張ります」。ただ、こう言うだけでは、何をどう頑張るか、具体的なメッセージが込められていないのです。

思いを変えれば行動が変わる。思いを変えるには、言葉を使うのがいちばんいい。そうお話ししてきたことは本当です。

でも、**行動を変えるための言葉は具体的でないと、行動には繋がらないのです。本気で頑張ろうと思うならば、何を、どう頑張るのか。具体的なメッセージを届けるようにしましょう。**

やみくもに「頑張る」のは単なる精神論。行動に繋げたいなら、具体的にどうしたいのか、どうするのか。それが伝えられたとき、思いが行動に転換されるスイッチがオンになるのです。

言語学的な研究によると、「頑張る」の語源は「ぐっとこらえて現状を維持する」という言葉から発しているそうです。快―不快を縦軸に、活発―不活発を横軸にしたマトリクスに落とし込むと、「頑張る」は活発だけど不快というゾーンに入ります。

「頑張る」「頑張ります」と言い続けていると知らないうちに、不快感を送り

届けてしまっているのと同じことになる。

これも意外な事実です。ではどう言えばいいのでしょうか。

たとえば、「頑張る」の代わりに「自己最高記録を目指します」「入賞することが目標です」などと言うとよいと思います。何を一生懸命やるのか、どのラインを目標にしているのか。具体的に言葉にすることがスイッチオンの決め手になるからです。

「明日からダイエットを一生懸命やる」「英検二級の受験勉強に全力で取り組む！」。自分に言うときも、他の人に言うときもこのように具体的に言うようにしてみましょう。結果は目に見えて変わっていきます。

1％の人になるために

やみくもに、「頑張ります」と言わない

WORK

19

うまくいっている
1％の人は、

すぐやろうと決めて、
すぐ行動を起こす

うまくいっていない
99％の人は、

すぐやろうと思うだけで、
なかなかやらない

鮮度と勢い。これがないとピチピチ感、ワクワク感が薄らいでしまい、価値が落ちてしまう――と言っても魚の話ではなく、仕事の話。

やろうと決めたらすぐにやる。「やってください」と言われたら、すぐに着手する。このキレ、機敏さはぜひ大事にしてください。

すぐやろうと決めて、すぐに行動を起こす人は心のエネルギーが淀むことがありません。一方、やろうと思うことは思うのですが、行動を起こすまでに時間がかかる人。こういう人は、行動し始めるころにはやろうと思ったときのワクワク感は冷めてしまっていることが多いのです。

「あとでやろう」「暇になったらやろう」と行動に移すのを後回しにしているうちに、やる気そのものが鈍ってきてしまう。その結果、心と行動のミスマッチが起こってしまうのです。

たとえば土曜日の晩、「明日は銀座にバッグを買いに行こう」と張り切っていたはずなのに、翌朝、テレビを観てグズグズ過ごしているうちに一〇時になり、一一時になり、気がつくとお昼近くになってしまった。こうなると、「これからメイクをし、着換えて銀座まで出かけるのは億劫《おっくう》だな」と思うようになり、結局その日に出かけたのはコンビニだけ、ということになりかねません。

私の周りにも、すぐやる派もいれば、「はい、わかりました」と返事はいいのですが、なかなか動き出そうとしない人もいます。私はいちいち注意はしませんが、しばらく黙って見ていると、すぐやる人とそうでない人の差は驚くほど開いてしまうのです。

仕事を頼んだとき、「ハイ」という返事と同時にすぐ着手してくれる。こうした打てば響くような反応はこちらの気分まで弾んできて、「彼女に頼んで大正解だった」と、結果が出る前からプラス評価をつけたくなってしまいます。

手元がふさがっている場合は、「いま、○○をやっています。あと三〇分ぐらいで終わりますから、それからすぐに取りかかります」と返事をするようにしましょう。「あとで」ではなく「三〇分ぐらいあとには」と具体的に、取りかかる時間の目安を伝えることが肝心です。こうした返事なら、「すぐやる」ことと同じくらい、好感に繋がります。

伝票処理のような雑事も、すぐやる派はその都度、手早く処理していきます。

一方、後回し派は、つい、「あとでやろう」「今度、まとめてやろう」と考える。その結果、**一つ一つは小さな仕事なのに、気がついたときにはドーンと大きなかたまりになってしまっていたりします。**こうなってしまうと、それをやらなければと思うだけでも気が重くなってしまうもの。ちょっと後回しにすることが、こうしたバカバカしい結果を招いてしまうのです。

いますぐ、すぐやる派に転向しませんか？

1％の人になるために

すぐ取りかかる

WORK

20

うまくいっている
1％の人は、

仕事は楽しんでやるもの
と考えている

うまくいっていない
99％の人は、

仕事はつらいもの
とあきらめている

月曜日というと気持ちがドシンと重くなるという人、かなりいると思います。

「ああ、また仕事をしなければならない」と仕事を苦役だと思っているのです。こんな毎日を定年まで続けるのかと思うだけで視界は真っ暗闇……。

社会人ならば一日の大半は仕事の時間。その時間が「楽しい時間」か「苦しい時間」かで、人生の幸福度は大きく変わります。

「そんなことを言われても、このご時世、いまよりよい転職先を見つけるのは超困難なんだ。家族もいるし、自分が耐えて仕事をするしかないだろう」

そんなふうに考えているなら、自分で外堀を埋め、負け戦覚悟で籠城しているようなものでしょう。

こうした場合の選択肢は二つ。**一つは、覚悟を決めていまの仕事を辞め、転職を目指すという選択肢。もう一つは、いまの仕事を続けていく道。**

その答えはもう出ています。今日もちゃんと出勤した。その事実があなたが選択した答えです。

消去法的な選択であっても、答えを出したのならば、その答えはいまの自分にとってのベストアンサーなのです。ベストなのだから、どこかに、いまの仕事のいいところを見出したはずです。そのいいところをさらに見つめると、いまの仕事のなかに、楽しめる要素、心を満たしてくれる要素は必ず見出せます。

セミナーに参加されたある派遣社員の話です。仕事にも楽しさを感じない。将来の夢も希望も持てない。そうした状況から抜け出すためにセミナーに参加してみようと思ったそうです。

私の「毎日、会社に行っているのは自己選択の結果だ」という話を聞いて、目からウロコ。そこで、毎日会社に行くことの何がいいかと懸命に考えたところ、会社に行けば自分のデスクがあることだと気づきます。

自分だけに用意された場所がある。それはなんと幸せなことなんだろう

――。そう気づいた彼女は、それなら自分のデスクをもっと快適な環境にしようと考えを進めたのです。

デスク環境の改善といっても、彼女がしたのは、まず、デスク周りをすっきり整頓したこと。それから、ボールペンやホッチキスなどの事務用品を会社支給のありきたりのものではなく、かわいいデザインのものに買い替えたこと。

会社の事務用品を使えば自分のサイフは痛まないけれど、自分のお金を使ってでも、できるだけ楽しい環境で仕事をしようと思うようになったのです。

彼女から届いたメールでは、まだ、心から仕事を楽しむところまではいっていないようですが、文面はずっと明るいものになってきています。

彼女のなかで小さな光が灯《とも》り、何かが動き出したことはたしかでしょう。

1%の人になるために

仕事を楽しむ工夫をする

WORK

21

うまくいっている1%の人は、

自分の苦手な仕事は引き受けない

うまくいっていない99%の人は、

苦手な仕事でも引き受けてしまう

どんなに工夫しても楽しくなりそうもない仕事、イヤだなあと思うような仕事はできれば断るほうがいい、と私は考えています。**苦手なこと、嫌いなこと、したくないこと、つまり、思いが拒絶することはしないほうがよい結果になることが多いからです。**

人は困難を乗り越えて成長していく。これも一つの考え方です。したくないことを拒んでいるようでは成長できないという考え方もあるでしょう。人がイヤがることを率先して引き受けてきたという人もいるかもしれません。

その結果、胸を張ることができる。それは素晴らしい成果だと思います。しかし、現実的には、気が向かない仕事を引き受けても、うまくいかないことのほうが多いもの。初めに「気が向かないな」「できればやりたくない」と思ったことが、自分にブロックをかけてしまうからでしょう。

私は、心が拒むことはできるだけ「しない」ようにしています。その代わり、得意なこと、好きなこと、したいことは強い思いで選び取り、自分が持つ最大のエネルギーと時間を注いで、すべてを賭ける意気込みで取り組んでいます。

すると気持ちがどんどんのってきて、自分の最大がどんどん拡がり、自分でもびっくりするような成果に導かれることが多いのです。

「先生は経営者で、組織のトップにいらっしゃるから、それができるのではないでしょうか。普通の人は、上司や取引先から指示されたら、これは嫌いだ、苦手だからできません、なんて言えないのです」

私も、クリニックを開業する前は勤務医でしたから、そう言いたい気持ちも分かるつもりです。

でも、本当にそうでしょうか。思い込みではないでしょうか。

何人ものスタッフを持つ経験から言うと、**何かを依頼したときに、「すみません。私はそれはあまり得意ではないので」と言うスタッフを、むしろ信頼す**

ることもよくあるのです。

苦手だという自覚もなく、指示されたことに、ただ、「はい、はい」と従う人は自分を分かっていないうえに、自分なりの工夫や努力が見られないことが多く、よい結果が出ないことが多いからです。

得手・不得手、何が好きか嫌いかは自分がいちばんよく知っています。その苦手や不得手を隠さない。その潔さ、勇気がよい結果を招くことに繋がることもまれではありません。

「NO」と言うときには、「私は○○は大得意です。私に○○を任せてください」と、一方で積極的な自己アピールをするとよいでしょう。

素直な「NO」、本音の「NO」には誰も反感を抱きません。「NO」と言える勇気がかえって好感を引き寄せることもあるものです。

――1%の人になるために

自分の苦手は率直に伝える

WORK

22

うまくいっている1％の人は、

ミスはすぐに忘れる

うまくいっていない99％の人は、

ミスをした自分を責め続ける

わざとミスをする人なんかいないでしょう。一生懸命やっていたのにミスしてしまった。ときには、不可抗力のミスだってあります。それなのに多くの人は、「どんなミスでもミスはミス。自分が悪かったんだ」と自分を責め続けてしまいます。

こうした態度はミスの処理としては最も避けたいと、私は考えています。自分を責めてしまうと萎縮《いしゅく》するばかりで、かえって、ミスがミスを招くことにもなりかねません。

実は、**ミスをしたとき、いちばんいい方法は、できるだけ早くミスを忘れてしまうことです。**

この世に完全無欠の人などいません。一度もミスをしたことがないと言う人がいるならば、ミスに気がつかない鈍感な人か、仕事の成果をきちんと見極められない人かのどちらかだと言いたいくらいです。

「ミスをしてしまった」と言える人は、自分でミスをしたことが認識できたのです。ですから、「私はミスをしたことがない」と言い張る人よりも、「すみません。ミスをしてしまいました」と言ってくる人に、むしろ高いポイントをつけたくなってしまいます。

私は、スタッフがミスをしたような場合、責めることも、叱ることもほとんどしません。明らかなケアレスミスだとしても、大きな損失を出したような場合でも、それが分かった段階でいくら責めたところで、ミス以前に戻すことはできないからです。

よく、「取り返しのつかないミス」と言いますが、実際は、そんなミスはありません。大きなダメージを受けることももちろんあります。でも、その場合も、仕事はその先も続けていくのです。人生における失敗も同じだと思います。

ミスが起こったとき、最優先ですべきことは、ミスの余波、ダメージの波及を最小限に食い止めるために何をすべきかを見極め、素早く手を打つことです。**当人は言うまでもなく、上司も周りもミスのリカバリーに全力を尽くせばいいのです。**

そうは言ってもミスを犯した当人は身の置き所がないくらい、自分を責めることでしょう。でも、そんな風に身を縮め、立ち止まってしまうことのほうが、困るのです。これでは、ミスのリカバーさえできません。

ミスをしたならば、いま、求められているのは、解決に向かって前に踏み出していくことだと自覚しましょう。そのためにも、ミスはその場で忘れるようにして、すぐに切り換えるほうがいいのです。

1%の人になるために

ミスのリカバリーに全力を尽くす

WORK

23

うまくいっている
1%の人は、

自分自身と「競争」する

うまくいっていない
99%の人は、

他人との「競争」にこだわる

いまは厳しい競争社会だといわれます。競争社会で生き残るためには、歯をくいしばり、力を振り絞って努力しなければならないと思っている人も多いでしょう。

私も、これまで「競争」に勝って、少しでも上に上がっていき、最終的にはトップを狙うことを自分に課してきました。いま、私がクリニックを経営し、一方で、セミナーを開いたり、こうして本を出版できるようになっているのは、競争に勝とうと努力してきた結果だと、多少の自負を持っています。

ただし、私が競争しているのは、周りの人とではなく、自分自身と、なのです。以前の自分と比べてみて、いまの自分のほうが勝っているかどうか。勝ち負けという言葉を使うと誤解を招いてしまうかもしれません。

もっと平たく言えば、過去より現在、昨日より今日の自分が少しでもステップアップできているか。よりいっそう輝きを増しているかどうか。そこに重きを置いています。

自分との競争とは、「自分だけができることを磨くこと」に尽きるかもしれません。**視線を他者に向けず、自分を見つめて、自分の武器になる特性を徹底的に磨く。「自分だけができる」という域を目指して研鑽する。自分の希少価値を高めることこそ、最強の生き残り策だと思うのです。**

私は歯科医院を経営しています。この歯科医院も、他のクリニックとの競争ではなく、常に、「いのうえ歯科医院」としてステップアップしているか。「いのうえ歯科医院」ならではの価値を持ち、それを常に磨いているか、ということに焦点を当てて、進化に努めています。

歯科医院ですから、患者さんの歯を治療することは当然です。私は、それに加えて、患者さんと心が繋がる治療を「いのうえ歯科医院」だけの価値にすることを目指してきました。

地道に努力してきた結果、最近では「先生のところで治療していただくと、なんだかとても幸せな気分になるんです」と言ってくださる患者さんが増えてきています。

最近は歯科医院はコンビニよりも数が多く、経営のスキルも磨かないと生き残りはむずかしいといわれます。そこで、経営も本格的に勉強して、歯学博士に加えて経営学博士号も取得。ＩＳＯ９００１、ＩＳＯ１４００１の取得も実現し、より高い患者様満足の実現を図っています。

ＩＳＯ９００１、ＩＳＯ１４００１は品質管理や環境マネジメントに関する世界規格で、一般的には大企業がチャレンジする課題だとされています。「ＩＳＯ」取得のコンサルティングを務めてくださった方の話では、私の医院の規模で「ＩＳＯ」規格を二種とも取得した例は、ほとんどないということです。

これらは自慢話でもなければ、ましてやクリニックの宣伝でもありません。私が行なっている「自分だけにできる」ことをお話ししているだけです。

自分をステップアップし、価値を高めるのは博士号を取るとか、ＩＳＯを取得するというようなことでなくても実現できます。

ある看護師長の話です。この人はいつもキャンデーを持っていて、ナースとすれ違うとき、ナースのポケットにキャンデーを一粒すべり込ませるのです。勤務中にキャンデーは厳密に言えばいけない行為であることを承知のうえで。ハードな勤務をこなしているナースへのやさしさ。ときにはキャンデー一粒ぐらいのルール違反には片目をつぶってみせる大らかさは、看護師長がナース時代の経験あってのことでしょう。看護師長はナース時代よりも人間的魅力を磨きあげたと言えそうです。

以前の自分よりどんどん素敵な自分になっていく。自分と競争していくと、ひいては、他者と比べた場合にも誇れる自分になっていけます。

今日のあなたは、昨日のあなたより素敵ですか？　輝いていますか？

1%の人になるために

「昨日の自分」を競争相手にする

第4章

1%の人だけが実行している

「人間関係」のコツ

HUMAN RELATION

24
—
31

HUMAN RELATION

24

人と接するときはあえて力を抜く

うまくいっている1%の人は、

相手によく思われようと力む

うまくいっていない99%の人は、

これまでおよそ**六万人の方から相談を受けてきましたが、その九割は人間関係についての悩み**だと言っても過言ではありません。

上司に認めてもらえない。家族とギクシャクしている。本音を打ち明けられる友だちに巡り会えない……。なかには、「誰かと一緒にいると嫌われてはいけないと気を遣うばかりで疲れてしまう。でも、独りでいるとさびしさに心が凍りつきそうになる。いったいどうしたらいいのでしょうか」と涙ながらに相談される人もいます。

人は独りでは生きられない生き物です。人と繋がりたいという基本的な欲求を持っているのです。誰かを支え、自分もまた誰かに支えられている。こうして他者との関わりを感じるとき、深い歓びが込みあげてくるのです。

その反面、いったん人間関係がうまくいかないと悩み始めると、正体のない呪縛《じゅばく》にとらわれ、その渦に溺《おぼ》れてしまったかのように、何もかもうまくいかなくなってしまう人が少なくないようです。

溺れた経験のある人は、なぜ溺れたか、知っているでしょう。

本来、人は水に浮くようにできています。ところが頭から水は苦手だと思い込んでいると、必要以上に緊張して全身を硬直させてしまったり、「怖い」と思うあまり手足をムチャクチャに動かし、その結果、バランスを失い、本来持っている浮力が働かなくなって沈んでしまうのです。

静かに漂うようにしていれば自然に浮力が働いて浮かびます。その状態で手足を柔らかく動かせばゆるやかに進み始めます。すると、「あ、自分は泳げた！」という歓びが湧いてきて、水は苦手という意識からするりと脱出できるのです。

人間関係の呪縛に溺れてしまった場合も同じです。人間関係は苦手だと思うばかりに必要以上に緊張してしまったり、相手によく思われたいと思う一心から自然体で振る舞うことを忘れて、余計な力を入れすぎてしまう。

その緊張感、過剰な意識が人間関係を膠着《こうちゃく》させてしまうのです。

気負いすぎずに、思うこと、感じることをできるだけ、率直に伝えるようにしてみましょう。相手にも心があり、感情があることを意識して、相手の心に寄り添うような気持ちで話しかけ、向かい合うようにする。

こういう気持ちを持つだけで人間関係のほとんどの悩みは消えるはず。そうなれば、人間関係の悩みから卒業できることになるのです。

どんな悩みも、原因は相手にあるのではなく、自分にある。これが人間関係の悩みの鉄則だと言ってよいでしょう。こちらが変われば、相手も必ず変わります。相手が変わることだけを望んでいるかぎり、悩みは永遠に消えません。何よりも先に、自分の意識、行動を変えてみましょう。

1%の人になるために

「人間関係＝自分関係」と考える

HUMAN RELATION

25

うまくいっている1％の人は、

人からの批判は成長の糧と考えている

うまくいっていない99％の人は、

人からの拒絶・批判を恐れて内にこもる

「私って人づき合いが苦手だから……」

そう言ってランチも独り。仕事後の誘いにも最小限度しかつき合わない。それなら、トラブルも起こらないし、傷つくこともないから……と考える人もいるようです。批判や拒絶されることが怖くて、自分で扉を閉ざしてしまっているのですね。

これではいつまでたっても、人づき合いが苦手、から脱却できません。もっと怖いのは、人間関係は苦手、批判されるのはイヤだと言って人との交わりを避けていると、自分を磨いたり、ステップアップを図れないことでしょう。

ダイヤモンドはダイヤモンドでしか磨くことができないように、人は人でしか磨かれないのです。

いまの私は、「先生は本当にお顔が広いですね」と言っていただくことがあるくらい、幅広い人間関係を持っています。出会いを作ることにも積極的です。

でも、私はもともと人づき合いはむしろ不得意だったのです。あまりお酒を飲まないこともあって、大学院時代も、勤務医時代も人づき合いには積極的ではなく、そんな時間があるなら、早く帰って本を読みたい、勉強したいというタイプでした。

これでは、自分を輝かせていくことはできないだろう。ある機会にそう気づき、そのころからは、積極的に人間関係を広げるようにしています。

Facebook（朝の独り言）への発信もその一つです。この一～二年、私は毎日一回以上、メッセージを発信しています。約七千人の人が私のメッセージを待っていてくださり、心のよりどころにしておられるからですが、同時に、こうして発信することは自分自身を磨くことになると思っているからです。

メッセージを発信するとすぐに大勢の方から続々コメントが届きます。それを読みながら、私自身が深い教えを得ています。

積極的に行動することは火中に身を投じる結果になることもあります。コメントのなかには批判もあれば、非難の矢を浴びることもあるのです。メッセージを発信しなければ、そんなストレスを背負い込むこともなかったでしょう。

でも、しだいに、批判はかえってありがたいものだと考えるようになっています。見落としていた視点を教えていただくこともあり、心のなかで深く頭を下げ、感謝していることもよくあります。

私が少しずつでも輝きを増してこられたとしたら、私を支えてくださっている方だけでなく、批判し、教えてくださった方々によって、磨かれた結果だと思っています。

1％の人になるために

「人は人でしか磨けない」と知る

HUMAN
RELATION

26

うまくいっている
1%の人は、

苦手な人にこそ興味を持つ

うまくいっていない
99%の人は、

苦手な人とは
ひたすら距離を置く

苦手な人、嫌いな人にこそ感謝しましょう。

私はよくこうお話ししています。

一生に出会う人を数えてみれば、何百、何千という数になるでしょう。そのすべての人を好きになろうとする必要はないと思います。

出会いは縁だから、とできるだけ出会った人を受け入れるようにしている私ですが、すべての人を受け入れられるか、と言われれば、ちょっと自信はありません。人には生理的な波長があって、これが合わないと生理的にダメだと感じることもあるからです。

なんだか好きになれそうもない、とか、ちょっとむずかしそうという人と出会うと、できるだけつき合わないようにするというのが普通かもしれません。メールを返さない。留守電があってもコールバックしない。それが二、三回、続けば人間関係は自然に消滅していきます。こうして事実上、人間関係をシャットダウンする人も少なくないでしょう。

でも、これでは、自分を変えることはできません。

イヤな人、苦手な人は避ける。嫌いな人との関係は断つ。こういうやり方は気持ちに負荷をかけない代わりに、自分を磨いたり、進歩させたりする力を引き出すことはありません。

そこからもうひとふんばりして、なぜ、その人が苦手なのか、考えてみるとよいと思います。

生理的に苦手だと感じる人は、意外なことに、自分とよく似た性格だったり、同じ方向を目指したりしていることがあるようです。それも、相手がこちらを凌駕《りょうが》している場合が多い。結果、その人の前では、否応《いやおう》なしに、こちらの未熟さや至らなさを意識させられることになります。

だから、直感的に、反発感を抱いてしまうのでしょう。

その気持ちを乗り越えると、よく似ている分だけ通い合うものがあり、深く共感し合える関係になっていくことが実は多いのです。

苦手な人を避けてしまうのも自分の選択です。

でも、あと一歩、心を強く持って、苦手な人とあえて向き合い、より深い人間関係を手に入れる。これももう一つの選択肢です。

どちらを選ぶか。決定権はもちろんあなたの手のなかにあります。

1％の人になるために

嫌いな人にこそ感謝する

HUMAN RELATION

27

うまくいっている1％の人は、

自分への気遣いも忘れない

うまくいっていない99％の人は、

他人にばかり気を遣っている

職場や地域など、周りの人とうまくつき合うことができないと、仕事や暮らしに影響が出て、ときにはにっちもさっちもいかなくなることさえあります。

そうならないために、周囲への気遣いを欠かさないという人も多いでしょう。

ところが、この他人への気遣いが人間関係をこじらせる原因になってしまうことがあるのです。人間関係って、つくづくむずかしいものだと思います。

ではなぜ、そんなことになってしまうのでしょうか。

周囲に対する気遣いの裏には、「いい人だと思ってほしい」「心遣いの行き届いた人とほめてほしい」という気持ちが蠢《うごめ》いていることがあるからです。

相手から期待どおりのリアクションが返ってこないと、「こんなに気を遣っているのに評価してくれない」とか、「ここまで心遣いしているのに、私には気を遣ってくれない。きっと嫌われているんだ」などと思ってしまうのです。

気遣いを評価してもらえない。すると、まるで裏切られたように感じてしまうのですね。気遣いに感謝してもらえないという不満は放っておくとどんどん

ふくらんでいき、怒りや恨みに発展してしまうこともあるくらいです。

では、どうしたらいいのでしょうか。

私は、他人に対してと同様に、ときには他人に対する以上に、自分自身に対して気を遣うようにしましょう、とお話ししています。

自分が見て恥ずかしくない自分、誇りを持てる自分。常にそういう自分であろうと自分への心遣いをゆき届かせるようにしていると、それがそのまま、周囲への気遣いになっていきます。人に心遣いできない自分なんて、我ながら恥ずかしいと思うからです。

外見をきれいに整えることはいちばん分かりやすい自分への気遣いの一つでしょう。**「外見」はいちばん外側の「内面」**、と言われるくらい大事なものです。

外見を最高の状態に整えることは接する相手に対するリスペクトであると同時に、自身の内面を最高のレベルで伝えるパフォーマンスでもある。私はそう考えています。

もちろん、外見だけではなく、セミナーや講演を最高のパフォーマンスで行なうことにも、最大限の神経を配っています。資料やテキストの準備をチェックすることは言うまでもなく、会場の温度や湿度、照明にも気を遣い、マイクの音量や響き方も事前に何度となく繰り返しテストしています。

こうした万全の準備は、最高のセミナーを行ないたい、最高の講演をしたいという私自身への気遣いです。同時に、そのまま、集まってきてくださる方に最高に満足していただきたいという心遣いにもなるのです。

このように、まず、自分自身に対し気遣いする。その気遣いがそのまま相手に対する気遣いになる。こうした形で連環する気遣いならば、相手のリアクションによって怒りに発展してしまうようなことにはなりません。

1%の人になるために

気遣いは相手に対してではなく自分にする

HUMAN
RELATION

28

うまくいっている
1%の人は、

滅多なことでは怒らない

うまくいっていない
99%の人は、

怒りを抑えきれずに後悔する

「一瞬、怒りを爆発させてしまったばかりに、これまでうまくいっていた人間関係を台無しにしてしまった」

誰でも一度や二度は、そんな経験があるのではないでしょうか。

実は、私は、滅多なことでは怒りません。怒らないと決めてしまっているからです。もちろん、怒りの種がないわけではありません。交通渋滞に巻き込まれればイラッとするし、スタッフに対して、言いたいことがある場合もあります。相談者のなかにも、まれにですが、突然アポをキャンセルする人や、連絡なしで大幅に遅刻する人もいます。

でも、そんなときも怒りません。

怒りはすさまじい破壊力を持つ感情で、ひとたび怒りを点火させてしまうと、人間関係、信頼感、仕事の評価など、それまで積み上げてきたものいっさいが崩壊してしまうことがよくあります。ゼロベースに戻るならまだしも、すべてが崩れて一気にマイナスに転化してしまうことさえあるのです。そうは言っても、怒りは人が根源的に持つ感情の一つです。古来、宗教者などが厳しい自己修練を重ねた目的の一つは怒りをコントロールする技を身につけるためだったと言われているくらいです。

宗教的な修行をしたわけでも、解脱したわけでもない私がなぜ、滅多に怒らないか。実は、私はもっと人間的な方法で怒りと向かい合い、怒りに打ち勝つ方法を見つけているからです。

「どっちがトクか、考えてみよう」。**つまり、怒ってしまった場合と、怒りを抑え込んだ場合とどっちがトクか。自問する**のです。

他者の幸せを第一義に考える利他主義的な考え方は崇高で、尊敬すべきものだと言えるでしょう。でも、人間の本性を深く掘り下げていくと、行き着く先は自利。自利の発展形として利他があり、自利と利他は分かちがたい関係にある。私はこう考えています。

怒りの最大の損失は激しい自己嫌悪感情に襲われることでしょう。自分が嫌いになることほどつらいことはありません。

自己嫌悪は人生を前向きに生きていこうという気力まで奪ってしまいます。いったん気力を失うと、そこから復活するにはものすごいエネルギーが必要になります。

こうして考えると、イラついたり、ムカッときてもぐいとブレーキを踏み込み、怒りを抑えてしまうほうがずっといいと思うようになり、自然に、滅多に怒らない自分になれるのです。

怒りの火種は多くの場合、立場の違いからくる見解の相違がほとんどです。頭を冷やして客観的に全体を見回すと、「なるほど、そういう考え方もあるだろうな」と相手の立場や気持ちが見えてきます。こうなれば調整点も見えてくるので問題はもう解決したようなもの。怒りを爆発させさえしなければ、調整はいくらでもできるのです。

「負けて勝つ」。これもうまい怒りの対処法です。ここのところは相手の言い分を受け入れる。ただし、これはビジネスだから譲るのだとしっかり認識する。

譲歩は敗北でも、自己欺瞞《ぎまん》でもありません。感情の波に翻弄されることなく、そのときどきでいちばんよい解決法を選べる人こそ、怒りを超越した、器の大きな人間と言えるでしょう。

滅多に怒らない人間になると自己評価も高くなり、自分に対して誇りまで持てるようになります。これも、かなりおトクです。

1%の人になるために

怒りは〝ソントク〟で抑え込む

HUMAN RELATION

29

うまくいっている1%の人は、

相手が話し終わるまでひたすら聞く

うまくいっていない99%の人は、

相手の話を聞いているようで聞いていない

コミュニケーション上手になる秘訣は、相手の話をひたすら聞くこと。

「そんなことはもう何回となく聞いています」という声も聞こえてくるようです。おっしゃるとおり、何度となく聞いていながら、多くの人がコミュニケーションに自信を持てないでいるのが実情だと言ってよいでしょう。

「聞く」ことは、簡単に見えて、実は相当にむずかしいことなのですね。

人間には誰にでも、自分を主張したい、自分を分かってほしいという、本能と言ってもいい気持ちがあるものです。

「聞く」ことよりも「話したくなる」気持ちが先んじてしまうのも、この本能を考えれば、いわば自然なことだと言えます。

私も、コーチングを始めたころは、相手のお話を十分聞いているつもりなのに、録音を聞き返すと、「まだまだ聞き足りなかった」「相手はもっと話したかったんだ」と気がつくことがよくありました。そこで最近は、コーチングのように一対一で向かい合ってお話しするときには、相手の話が終わるまで、できるだけ黙って〝聞く〟ことに徹するようにしています。

人は話しながら考えを整理していくことがよくあります。全部話し終わるまでできるだけ口をはさまないようにしているのはそれを妨げないため。コーチングの役割は、心からの愛情を込めて相手が思いを整理する行程を見守ることだと、私は考えています。

もう一つ、大事な役割は、相手が言葉にできない、言葉と言葉の間にある思いを感じ取ること。行間の思いを感じ取るように聞くことです。

一緒になって話し込むのではなく、黙って聞くことに徹していると、こちらにも余裕が生まれ、そのうちに、相手の言葉にはなっていないけれど、本当はこれを言いたいのだなという〝行間の言葉〟が聞けるようになっていくものです。これは、ふだんの会話でも、きっと応用できると思います。

1％の人になるために

行間まで聞く気持ちで聞く

HUMAN RELATION

30

うまくいっている1％の人は、

トラブルを起こした相手を責めない

うまくいっていない99％の人は、

トラブルを起こした相手をつい責めてしまう

誰かがとんでもないミスを犯した。そんなとき、頭に血がのぼってしまい、「いったい、どう責任をとるつもりなんだ！」「すまないと言ってすむ問題じゃないんだよ」などと相手を追い詰めるようなことを言ってしまった経験はないでしょうか。

こちらも人間です。つい感情が先に立ってしまい、相手を責めてしまうこともあるでしょう。でも、その結果、相手を追い詰めてしまい、人間関係まで壊れてしまったら……。

私は、トラブルが起こってしまった場合には、何よりも人間関係を第一に考えるようにしています。トラブルは解決の途が必ずあるはずです。でも、人間関係は一度、壊れてしまうと、修復はなかなかむずかしいのです。

深刻なトラブルであればあるほど、本人がいちばん、自分を責めているはずです。だったら、周りの者、特に上司の立場にいる人は絶対に責めるようなことは口にしないこと。

自分を責めている人には、どんな言葉も刃となってしまうことがあります。ですから、こういう場合には、何も言わずに、相手をただぎゅっと抱きしめる感覚になる。これがいちばんいい方法だと思います。

人が倒れかかってきたとしたら、知っている人でも知らない人でも、無意識のうちに手を差し伸べ、全身で受け止めるでしょう。血まみれでも泥だらけでも、たとえ犯罪者であっても。

あなたは、倒れてきた人を受け止めなければ、助けなければという思いだけで動いているはずです。

人にはそうした崇高な力があるのです。

相手の全存在を抱擁する。この感覚を覚えると、どんな場合も、どんな相手でも、丸ごと、無条件で受け入れることができるようになっていきます。

トラブルは時間がたてばたつほど問題がこじれていき、解決はしだいに困難になっていくことが多いものです。

起きてしまったことは元には戻らない。それならば、「いま、何ができるか。どうすればいいかを最優先で考えてみよう」。

そう言って、解決に向けた行動を一緒になって起こす。それができたとき、いちばん救われるのは、ほかならぬあなた自身だと気づくでしょう。

1%の人になるために

抱きしめるように、相手のすべてを受け入れる

HUMAN RELATION

31

うまくいっている1％の人は、

別れをポジティブにとらえる

うまくいっていない99％の人は、

別れをネガティブにとらえる

別れのない人生はありません。

どんなに愛し合っていた人と人でも、いつか必ず別れの日がやってきます。「一生、離れない。この愛は永遠に続く」と誓い合ったとしても、死が分かつこともあれば、それより早く愛が終わってしまうこともあるでしょう。

人は別れるために出会う。そう考えれば、二人で過ごす時間はいっそう貴重なものになり、だからこそ、愛する人をかけがえのない大事な存在だと思えるのではないでしょうか。

それほど大切に思う人ともいつかは別れる日が訪れる。別れがつらいのは、ほとんどの別れは自分の意志ではないから。死による別れは言うまでもなく、恋の終わりもたいていどちらか一方的に終止符を打ちます。

突然、別れを告げられたほうは大きな衝撃を受け、傷の痛みは永遠に続くように思えるでしょう。相手を恨むことも憎むこともできないことが多いのです。

まだ、愛している。まだ、好きだという思いを捨てられない。**別れの痛みはあなたがどれほど深く人を愛することができたかの証です。**

そんな自分をけっして粗末にしてはいけない。去っていってしまったかもしれないけれど、その出会いがあったから、ここまで深い愛を持てるようになった、そんな自分を認めてあげましょう。

愛も別れも、すべての経験は化学変化のように新たな次元へ変わっていき、あなたを成長させる原動力になっていくはずです。

愛する人の死に遭遇し、力を落としている人もいるでしょう。年齢が進むにつれて、親や恩師など自分を育ててきてくれた人たちの年齢も進んでいき、その先に永遠の別れがあることは生あるものの宿命です。

生物学では、生物は次世代に遺伝子を継承するために生まれてくると考えるそうです。遺伝子はしだいに傷ついたり、衰えたりしていく。同じ個体内の代謝や再生では、生物の進化を実現することはできないのです。

遺伝子レベルでも、成長と進化の歩みを追い求めている。生命の素晴らしさにはとことん圧倒されてしまいます。

死により肉体が消えたあと、人の魂はどこに行くのか。いまも明らかにされないその解明は、人の文化にとって大きな課題の一つと言えるかもしれません。

二〇一一年三月一一日。突然襲い掛かった地震と津波によって、多くの命が失われました。あれから三度目を迎えたこの夏、被災地では「亡くなった母と再会できた」「死んだはずのわが子が居間で遊んでいる気配がたしかにした」……。こんな話があちこちで聞かれるそうです。NHKスペシャル『シリーズ東日本大震災　亡き人との〝再会〟～被災地　三度目の夏に～』（二〇一三年八月二三日放送）はそうした声を集めた特別番組でした。

こうした体験を、「家族の死から立ち直れていないから」ととらえるのは、少しさびしいのではないでしょうか。

仏教では輪廻《りんね》転生《てんしょう》という考え方があり、死んだあと、また新たな生命体として生まれ変わると考えるのだそうです。

私は、生命体には潜在意識という目に見えないエネルギーの源泉があると考えています。

半年ほど前に父を亡くした私は、いまもときどき、すぐ傍らに父の存在を感じることがあります。こうした感じがあるからか、父の死は私にとって完全な別れではありません。

人は別れや死から、新たな力を得ることがあるのです。

底知れぬ力の源泉を持つ人という存在。改めて人間の無限とも言える力に大きな勇気を得ています。

1%の人になるために

喪失感を前に進む力に変える

第5章

1%の人だけが実行している
「勉強&自己投資」法

SELF INVESTMENT

32―38

SELF INVESTMENT

32

うまくいっている1%の人は、

「学び=歓び」と考えている

うまくいっていない99%の人は、

「学び=苦痛」と考えている

「ああ、やっと勉強から解放された」

社会人になったとき、こう言って大きく伸びをした人も多いのではないでしょうか。

実際は、本当の「学び」はそこから。**社会人になってからの「学び」は、学生時代の勉強とは比べものにならないくらいの歓びに満ちているものです。**学べば学ぶほど、自分の成長が実感できる。そんな「学び」ができるからです。

「はじめに」で触れたように、私は三〇代半ばごろ、初めて「人生に対する考え方」を学ぶ本と出会いました。それまでも本が好きで、相当量の本を読んでいましたが、当時、私が読んでいたのは歯科の専門書や経営書が中心でした。開業医は医師であると同時に経営者でもあり、経営スキルを磨かなければ医院経営を維持することはむずかしいのです。

歯学や経営学はいまも学び続けています。同時に、「人生に対する考え方」について学ぶことが加わり、それからの私は、「学び」に時間もエネルギーも注ぐようになっています。

先達の知識や知性に出会い、それを自分に取り込む。するとそれが自分の新たな力となっていきます。その実感は興奮してしまうことがあるくらい、エキサイティングです。

自分が成長していることを実感することほど大きな歓びはありません。五〇歳になったいまも夢中になって学び続けているのは、学べば学ぶほど、その歓びが私のなかで拡大し続けていることを感じるからです。

何か一つでもいい、これというものを見つけて、本気で「学び」始めると、新たな視界が拓《ひら》け、人生に新しいステージが拓けるでしょう。

本を読むことや研修会に参加することだけでなく、周りの人の言動を観察することも学びです。自分自身を深く見つめることもまた学び。こうした学びをいつも、いつまでも続けていく。そこから成長のポテンシャルが生まれ、自分自身の内面が深く育ち、成熟していきます。

さまざまなことがうまくいく幸福な人生は、こうしたことの総合的な結果として実現されるのだと、私は信じています。

1％の人になるために

「学び」を成長の原動力にする

SELF INVESTMENT

33

うまくいっている1%の人は、

本から得た学びを自分の人生に必ず生かす

うまくいっていない99%の人は、

本から学びを得ただけで満足してしまう

私は多くの世界的名著を読み、そのたびに、「なるほど、こんなふうに考えればいいのだ」と深い感銘を受けてきました。

こうして、確実に知識が蓄えられていく過程で、いつのころからか、私のなかに微妙な違和感が蠢くようになったのです。

「どれも正しい……でも、微妙な違和感がある」

そのうちにはっと気がついたのです。

本やセミナーのテキストなどに書かれているのは、不特定多数の読者に向けた情報や教えです。**どんなにクオリティが高くても、読者一人一人にぴったり合うとは限らないのでしょう。**

人生の成功哲学やスキルも同じです。著名な思想家や研究者は私たちの人生の先達です。目標とすべき素晴らしい方もたくさんいます。

でも、先達の教えを学ぶと同時に、それぞれの人生に合わせてカスタマイズする必要があるのではないでしょうか。

真摯に教えを学び、学んだことを自分なりに消化して、**目指す生き方や自分の状況、実力に合わせてカスタマイズする。自分にぴったりフィットした、オリジナル仕様のものに〝作り換える〟**。

この行程を持たなければ、学び、知識やスキルを得たとしても、本当の意味で人生に生かすことはできないのではないかと思うようになったのです。

そうした思いから、最近、私は相談者とマン・ツー・マンで向き合って行なう心のコーチングをするようになっていますが、それもこの考えに基づいた新しい展開です。

どんな素晴らしい教えも、自分の人生計画や性格、行動パターンに合わなければ最大の効果をもたらすことは望めないでしょう。自分なりの咀嚼《そしやく》を加えて、本当に自分に役立つものへとカスタマイズするという発想を持つと、学びの効果はより確実なものになると思います。

逆に言えば、本が次々出版され、セミナーや研修会も盛況なのに人生がうまくいく人はたった一%しかいない。その理由はカスタムメイド発想を持つ人がまだ、あまりに少ないことにあるとは言えないでしょうか。

1%の人になるために

学んだことはカスタマイズする

SELF INVESTMENT

34

うまくいっている
1％の人は、

自らを成長させるためにお金にこだわる

うまくいっていない
99％の人は、

お金にこだわるのは賤しいことだと思っている

「お金を愛している」

「お金にこだわる」

「できるだけたくさんお金が欲しい」

ときどき、私はあえて、こう言うことがあります。

お金を軽んじることは、社会的な評価を軽んじることにも通じるという思いがあるからです。


サッカー選手がヨーロッパの強豪チームでプレーする。あるいは、プロ野球選手が大リーグでプレーするとき、契約金や年俸はその選手の価値の一つの指標となります。

ちなみに、最近の世界のトップスポーツマンの年収は、ゴルフのタイガー・ウッズが約七六億円、サッカーではリオネル・メッシが約四三億円。日本人プレイヤー・トップはイチロー約一九億円。

実力と人気、そしてお金はちゃんと比例しています。

ビジネスマンの世界も同じです。有能なスキルを持つビジネスマンはヘッドハンターの介在などにより倍々ゲームで年収を拡大していくこともあり得ます。カルロス・ゴーン氏の年俸は約一〇億円。この年収が高すぎるか、どうかは金額ではなく、仕事の成果で決まるのです。

高額な報酬を得ている人ほど厳しい評価の目にさらされているものです。継続的に高額な報酬を得ているのは、それだけの報酬に価《あたい》する仕事をきっちりこなしていることを示していると言えるのです。

日本ではいまでも、お金に恬淡《てんたん》としている人、お金にこだわらない人を人格者だとか、品性が高いとみなす傾向があります。一方、お金のことを口にするのは賤《いや》しい、はしたないと考える傾向も根強くあります。

これはお金の社会的な価値を正しく認識しているとは言えないでしょう。賤しい心でお金を思うから賤しさが浮き上がってくるのです。見苦しくお金に執着するから、お金が汚れて見えるのです。

「お金が欲しい」という言葉の真意は、実は自分をもっと高めたいという気持ちなのだという視点も持ってほしいと思います。

お金が持つこうした力を率直に認めると、お金に対する思いは清らかに浄化されるでしょう。**「お金が欲しい」という素直な思いを、臆することなく口にしていいのです。**

1%の人になるために

お金を愛する

SELF INVESTMENT

35

うまくいっている
1%の人は、

「お金は使ってこそ
意味がある」と考えている、

うまくいっていない
99%の人は、

「お金をどう貯めるか」
ばかり考えている

「私だって、お金が大事なことは分かってます。だから、ちゃんと節約して、預金だってしてますよ」という話をよく耳にします。

お金を大事にするとは、なるべくお金を使わないようにして、コツコツ貯めることだと考えていないでしょうか。

こういう考え方はかえって逆効果。こんな風にお金を握りしめていると、お金は増えることはないでしょう。一生豊かさとは無縁の人生になってしまうかもしれません。

お金は物体としてはただの金属片、あるいは紙切れに過ぎません。預金残高に満足感を覚える人もいるかもしれませんが、残高もただの数字です。口座から引き出したところで、まだ、価値はありません。使ったとき、初めて価値を持つ。これがお金の本質なのです。こうした認識をちゃんと持つ。そこから、お金を生かすか生かさないかの真剣勝負が始まります。

誰でも当たり前のように呼吸しているので、「正しい呼吸法は？」と聞かれると面食らいますね。しかし、正しく呼吸しているかどうかは健康を左右するほど大きな違いをもたらします。

呼吸法の基本は「吐き出す」。それから「吸う」。お腹の底の空気まですべて吐き出すようにすると、自然に息を吸い込んでいる。これが正しい呼吸法です。

お金も同じです。まず「吐き出す」。それから「吸う」。つまり、まず、お金を使う。それによって何らかの価値を手に入れ、手にしたその価値が新たな収入に繋がっていく。

この、お金のあるべき循環サイクルをよく知って、お金を手放す＝使うことを身につけていきましょう。

財布からお金を出すとき、残った紙幣を思わず数えて、あと何枚になっちゃった、なんてさびしく思ったことがありませんか。これでは、お金を喜んで使ったとは言えません。

お金を喜んで使うとは、（お金は使ったけれど）「こんなにいいものが手に入った」「美味しいものが食べられた」「素晴らしいパフォーマンスを見ることができた」などと、お金を使った代わりに手に入れたものを心から楽しみ、喜ぶことです。

「ああ、よかった」と心の底から思うお金の使い方を身につけましょう。そのうちに、なんとも豊かで、心地よい人生を生きていることに気づくでしょう。

1％の人になるために

お金は喜んで使う

SELF INVESTMENT

36

うまくいっている1%の人は、

自己投資にお金を惜しまない

うまくいっていない99%の人は、

自己投資に積極的でない

もちろん、現実の暮らしもあります。多少の蓄えを持つことも必要でしょう。それでも、人生の折り返し地点までは、預金することよりも投資を最優先すべきだ。私はそう考えて実践してきました。

私が言う投資は株や不動産を買うことではなく、自分への投資。自分の価値を高めるためにお金を使うことを指しています。

私はこれまで自己投資に惜しむことなくお金を使ってきました。セミナーや研修会、本やCD、DVDなどの教材……。受けたいセミナーが海外である場合は、時間をやりくりして海外に飛んでいって受講することもありました。

〝一流〟に触れるために、当時の私にしてはかなり無理をしたこともあります。

そのために使ったお金を惜しいと思ったことは一度もありません。

これまで投資したお金はすべて私自身の身について、私の資産のなかでも最大の価値を放っているからです。しかも、そこに仕事や人生の経験が重なっ

て、私の無形の資産の価値が日々高まっています。

株や不動産への投資は損をすることが当然あります。それに対して自分への投資はほぼノーリスクでハイリターン。

実際、現在の私は二〇代、三〇代のころより確実に成長し、仕事もどんどん発展しています。これまでの投資は、どんな投資よりも高いリターンとなって還元されていると満足しています。

〝一流〟に触れるためにお金を使う

1％の人になるために

SELF INVESTMENT

37

うまくいっている1%の人は、

期間限定で圧倒的な努力をする

うまくいっていない99%の人は、

ダラダラと中途半端な努力を続ける

人生には、圧倒的な努力をする、そんな時期も必要だと、私は思っています。**圧倒的とは、質的にも、時間的にも、誰が見ても文句をつけようがないくらい努力すること。そして、それ以上に、自分でも「心底、全力を尽くした」と言い切れる、完全燃焼したと納得できるくらい頑張ることです。**

ただし、こうした努力はそう長くは続かないでしょう。それならば、最初から期間を限定すればいい、と私は考えています。努力にもメリハリをつけるという発想です。

私が圧倒的な努力をしたのは大学院時代。歯学系の大学院は四年間で修了することになっているのですが、事実上、修了までに六年以上かかることが多くありました。実際、学ばなければならないこと、体得しなければならないことが山のようにあり、四年間で修了するというのは大変なことでした。実際にその状況に身を置いてみて、私にも骨身に沁《し》みて分かりました。

それでも私は、「四年間で修了する」が決まりなのだから、自分は絶対に四年で修了しよう！　と決心し、何としてでも、この決心を貫こうと思っていました。

ある意味、自分に賭けたのです。

ここで、自分の決心を揺るがせたら、その後の人生もグズグズになってしまうのではないか。そんな不安がある一方、反対に、決心を貫くことができれば、自分に不動の基盤ができるという期待もありました。

いま、思い出してもこの四年間は本当にきつかった！　朝は誰よりも早くに研究室に行き、他の医局員が来るころには一日の課題はあらかたすませてしまうというハードスケジュール。一日一四、五時間は研究・大学病院での臨床・学生実習サポートなどをしていたと思います。食事や入浴などの最低限の生活時間を除くと睡眠時間は三、四時間。起きている間はずっと研究に関わることをしていたのです。完全な休日はゼロ。元旦でさえ、パソコンに向かって論文を書き進めていました。

その結果、「無理に決まっている」と言われていた四年間で大学院を修了することができたのですが、その達成感もまた圧倒的なものでした。

人生のある時期、**限界ギリギリまで自分を追い込んでみる。目指す目標に向かって、自分史上、最大に頑張る。すると、自分自身に対する圧倒的な信頼感ができるのです。**

それ以降、私は相当追い込まれても「絶対にやり抜ける」と、自分自身に対して、圧倒的な自信があります。自分をとことん、信じられます。

挑戦する時期は若いときのほうがいい。その後、自分を絶対的に信じて生きる期間が長くなることになるからです。できれば二〇代までにチャレンジするのがベスト。でも、三〇代、四〇代でもまだまだ間に合います。

それ以上の年齢だとしても……。圧倒的な努力をしようと決意したいまがいちばん若いのです。人生のチャレンジに遅すぎるという言葉はありません。

限界ギリギリを体験する

SELF INVESTMENT

38

努力の方向性を定期的にチェックしている

うまくいっている1%の人は、

やみくもな努力をずっと続けている

うまくいっていない99%の人は、

毎日、目の前のことに一心不乱に取り組んでいる。でも、いっこうに目標に近づいている気がしない。それどころか、ふと気がつくと目指していた方向とはかなりズレていることに気づいてガックリ……。

やみくもな努力を一生懸命な努力だと勘違いしてしまった結果です。

軌道のブレは、最初はほんのわずかなズレだったかもしれません。でも、ズレたまま先へ先へと進んでしまうと、目標とのギャップはどんどん開いていってしまいます。

目標に向かう意識や行動にブレがないかどうか。ときどき、点検するようにしましょう。

POSレジが普及した現在も、店舗や企業では定期的に棚卸しをします。在庫を一点一点チェックして傷や汚れがついたもの、流行遅れになってしまったものなどを洗い出し、現在の在庫価値を正確に把握するのです。

人生でも、この作業は必要です。

たとえば一年に一度（または半年に一度）、その一年間（半年間）を振り返る時間を持つ。それだけのことですが、小さなブレやズレがあれば、たいていこの段階でチェックできます。

現実から離れて、日常とは違う時間の流れに身を置いてみるのもよいでしょう。あえて携帯電話やスマフォを置いて旅行に出かける。久しぶりに故郷に帰ってみたりするのもいいかもしれません。

現実から距離を置いてみると、いまのまま進んでいけばいいのだろうかと現状を省察《せいさつ》する目が開かれます。これが〝棚卸し〟になるのです。

また、三〇代から四〇代になるなど、年代が変わる機会をとらえてそれまでを見直し、これから先の進み方をじっくり考えることもおすすめです。

1％の人になるために

人生の〝棚卸し〟を定期的に行なっている

第6章

HAPPINESS 39—45

1%の人だけが実行している「幸福感度」の高め方

HAPPINESS

39

うまくいっている1%の人は、

潜在意識の力を活用している

うまくいっていない99%の人は、

潜在意識の力に気づいていない

ここまでお話ししてきた思い、思考を変えるためのヒントやきっかけ。「これなら私にもきっとできる」というものを実行した人は、すでに自分のなかで何かが変わり始めたことを感じているのではないでしょうか。

それはごく自然な変化。起こるべくして起こった変化です。

心が変われば　　行動が変わる
行動が変われば　習慣が変わる
習慣が変われば　人格が変わる
人格が変われば　運命が変わる
運命が変われば　人生が変わる

この流れは、人の生き方の奥底に流れている法則なのです。

この法則を動かし、流れを進めていく力を、私は「幸福になる力」と呼んでいます。

「幸福になる力」は潜在意識と呼ばれることもあります。

「我、思う故に我あり」というデカルトの言葉が伝えているように、人は、「自分は自分である」と意識したとき、初めて自己の存在を認識します。潜在意識はそうした顕在意識と呼ばれる意識とは異なるもので、**潜在意識と呼ばれながら、意識でさえもなく、実際は途方もないエネルギーの源泉です。自分を生かす力、生きる力の源だと考えてもよいでしょう。**

このエネルギーを「幸福になる力」と呼ぶのは、この力を思いどおりに動かせるようになると、願いどおりの幸福を実現できるようになるからです。

潜在意識は無限の可能性を秘めた力、無限のエネルギー源です。

自分のなかに「幸福になる力」があることにまず気づく。その瞬間に、あなたの人生は幸せに向かって動き出します。

1％の人になるために

自分のなかにある「幸福になる力」に気づく

HAPPINESS

40

「どうなったらいちばん幸せか」が明確

うまくいっている1%の人は、

「どうなったら幸せか」が分かっていない

うまくいっていない99%の人は、

「幸福になる力」＝潜在意識をどんなふうに動かしていくかは、自分で決めなければいけません。幸せには決まった形がないからです。

私は治療を終え、患者さんが笑顔を取り戻していく様子を見るとき、いちばんの幸福を感じますし、知り合いの編集者は手掛けた本が出来上がり、書店に並んでいるのを見るとき、幸福を感じると笑います。

食事を作って、好きな人の帰りを待っている時間が幸せだという人もいるでしょうし、ガーデニングが趣味で、イメージどおりの花を咲かせたときが最高！　という人もいるでしょう。

自分はどうなりたいのか。どうなったときに、いちばん幸せを感じるのか。**どんな人生を生きたいのか。何のために生きたいのか。目的意識をはっきり持つことが大事です。**

目的意識がグラついていると、「幸福になる力」はどの方向に向かって働けばいいのか分かりません。

生きる目的。私はそれを「ミッション」と呼んでいます。

辞書には、ミッションは「任務」「使命」と説明されています。

これはちょっと重い。

私はミッションとはもっとシンプルなものだと考えています。

「自分はどんな状態だといちばん心地よいだろう。その状態を目指すこと。それが自分のミッションではないか」


私自身は、**「どんな場合も後悔しないこと」**をミッションにしています。

これを聞くと、拍子抜けしたような表情を浮かべる人がよくいます。ミッションとは、たとえば、「世界平和に貢献する」とか「科学者になって科学の進歩に寄与する」というような、みなが尊敬の目を向ける、そんな目標をいうのだと思い込んでいる人が多いようなのです。

実は私も数年前まで、

「歯科医療を通じて、一人でも多くの患者さんの健康に貢献し、口腔衛生の進歩に貢献すること」

が自分のミッションだと思い込んでいました。

「どんな場合も後悔しないこと」という現在のミッションを聞いて、崇高なミッションからトーンダウンしたと思う人もあるかもしれません。

しかし、「どんな場合も後悔しないこと」というミッションは、歯科医療で患者さんや社会に貢献することもカバーできるのです。

この変化を私自身は「一段、進化した」ととらえていて、大いに満足しています。

「あなたの笑顔、ステキですね」と言われるような生き方をしたいとか、「あなたと一緒にいるとほっとします」と言われるような生き方を目指すのも立派なミッションです。

大事なのは何になりたいかということよりも、自分はどんなときに幸福を感

じるか。

それをつかめた瞬間から、あなたのなかの「幸福になる力」はその方向に向かって動き出します。

1％の人になるために

自分のミッションをはっきりつかむ

HAPPINESS

41

うまくいっている1%の人は、

いつも笑顔を絶やさない

うまくいっていない99%の人は、

気分にムラがある

人の気持ちはすぐに揺れ動いてしまうもの。空が晴れていれば明るい気持ちになり、どんより曇っていればなんとなく憂鬱になる。「通勤電車がいつもより混んでいた」といった些細なことでイラ立つ自分を持てあますこともあります。

そんなふうに根拠もなく、揺れてしまうことから卒業し、高い人格を身につける段階へと歩みを進めていきましょう。

最高の人格者とはいつも笑顔でいる人。私はそう思っています。

笑顔は自分の心を和らげるだけでなく、周りの人にも、なんとも言えない幸せな気持ちを分け与えるものだからです。

「私はずっと前から、そう心がけています」

そう自信を持って言えるなら、あなたはすでに立派な人格の持ち主だと言ってよいでしょう。

実際は「いつも笑顔でいる」という人はそうはいないものです。パーティーなどで知らないうちに撮られた写真を見て、「もう少し、いいところを撮ってほしかったな」と思ったことがありますよね。

疲れが浮き出た顔だったり、なんだかムスッとしていたりして、「いつも笑顔でいる」ことは、そう簡単ではないと思い知らされます。

私は、笑顔についても学びを重ねてきました。時間を投資して、笑顔を磨いてきたのです。

笑顔を学ぶようになったのはたまたま受講したある経営セミナーがきっかけでした。国際経験豊かな講師から「世界のトップ経営者たちは、表情、立ち居振る舞いなどの自己表現、とりわけ笑顔を専門のコーチについて学んでいる」という話を聞いたのです。まさに目からウロコでした。

それまで、多方面に手を伸ばして積極的に学んできたつもりでしたが、「笑顔」を学ぶことまでは思いつきませんでした。

笑顔は思いにいい影響を与え、「幸福になる力」を明るく照らす光になります。

悲しみの底や絶望の淵に立っている。そんなときこそ、笑顔を浮かべるようにしましょう。楽しいことなど思いつかない、いいことなんか一つもない、そう思えてしまうときこそ、です。

作り笑いでいいのです。

その笑顔から小さな光が灯って、足元が少し明るくなる。この明るさに導かれて、「幸福になる力」＝潜在意識は幸せを実現しようと動き出すのです。

私が受けた笑顔のセミナーでは、鏡を見るたびに、自分が最高だと思う笑顔を浮かべるレッスンを繰り返し受けました。小さな鏡を渡され、デスクに置いて日に何度も笑顔チェックする。こうして笑顔を完全に習慣化し、素の顔が笑顔になるレベルまで高めていこうというわけなのでしょう。

そのレッスンの成果でしょう。講演やコーチングのあと、「井上先生の笑顔を見ているだけで元気をいただきました」とよく言われます。

笑顔を向けると相手も笑顔になる。すると、相手の人のなかにある「幸福になる力」も働き出し、その人の人生も「うまくいく」ようになっていきます。

笑顔には「うまくいく」連鎖を生み出す力もあるのですね。

1%の人になるために

「最高の笑顔」を練習する

HAPPINESS

42

うまくいっている
1%の人は、

心の底から「ありがとう」と言う

うまくいっていない
99%の人は、

「ありがとう」に気持ちがこもっていない

朝、目覚めたとき、最初に心に浮かぶ思い。それが「感謝」である人は、すべてが必然であるかのようにうまくいくものです。

感謝の思いは「幸福になる力」が持つ磁気のような力を増幅し、自分にとって望ましいもの、有利なもの、よい方向に働くものを引きつけていくからです。

人は本来、感謝のかたまりとして生まれてきます。

新しい生命の誕生ほど感動をもたらすものはありません。

わが子が生まれた瞬間を思い出してください。子どもが誕生したとき、あなたのなかに、これまで感じたことがないほどの大きな力、「この子のためなら、何でもできる」と無限の力が込みあげてくるのを感じたでしょう。

祖父母も、きょうだいも、友だちも、知人も、近所の人も……新しい生命の誕生を知るすべての人が限りない幸福感に包まれたでしょう。

そして、思わずこう口にしていたはず。

「生まれてきてくれてありがとう」

この感謝の思いが約六〇兆個の細胞の一つ一つに刻み込まれるのです。

たくさんの人から感謝され、細胞の一つ一つにその思いが刻み込まれたということが潜在的な記憶になって、「幸福になる力」の核に宿ります。**「ありがとう」という言葉が「幸福になる力」を大きく動かすのは、そのためです。**

それから今日まで、どれだけたくさんの人の世話になり、助けられ、守られ、支えられて生きてきたことでしょうか。

人が未成熟な姿で生まれるのは、こうした体験を通して、深い感謝を抱ける人間に成長していくためなのではないか。私はそう考えています。

これまで受けた多くの愛に対する最高の返礼、それはあらゆることに感謝できる人間になることではないでしょうか。

どんな場合も、第一声は「ありがとう」という感謝の言葉であるように努めましょう。

このとき、目の前の人だけに感謝するのではなく、その向こうにいる、これまで出会ったすべての人に向かって感謝する。そのくらいの思いを込めて、心の底から「ありがとう」と言うようにすることが大事だと思います。


「ありがとうございます。今日はお目にかかれてうれしいです」

「ありがとう。また、お会いできましたね」

誰に会っても最初の一言は「ありがとう」。私はそう決めています。

どんなときも感謝の気持ちで過ごす。口を開くときには最初に「ありがとう」と言う。こうした習慣を続けると、「幸福になる力」はしだいに強化されていき、どんなときも幸福を見つけ、幸福感に満たされるようになっていきます。

1%の人になるために
――
どんなときも感謝の気持ちで過ごす

HAPPINESS

43

うまくいっている
1%の人は、

「幸福感度」が高い

うまくいっていない
99%の人は、

「幸福感度」が低い

すべて生きるものは「幸福になるため」に存在している。「幸福を追求して」生きている——。

現代の生物学では生命体の存在意義をこのように定義しているそうです。ヒトはいうまでもなく、どんな生物にも「幸福になる力」が宿っていることが明らかになってきたからです。

最新の研究によると、地球には推計で約八七〇万種の生物が生息しているのだそうです。その範疇《はんちゅう》は広く、単細胞動物もあれば、コケや菌、麹《こうじ》なども生物に含まれます。その約九割を人はまだ発見できていないか、正しく分類できておらず、名前もまだないのだとか。

単細胞動物やコケや菌などに「幸福感」があるのだろうか。素朴な、でも実にいい質問です。常識的には、「単細胞動物には幸福か幸福でないかなんて分からない」と片づけられてしまうでしょう。

でも、「単細胞動物にも幸福になる力はある」というのが正解なのです。

幸福とは「その生物にとって、心地よい環境で快適に生命活動を続けていくこと」。たとえばクジラは、体が大きくなりすぎて陸上では体を支えることがむずかしくなり、大海に住処《すみか》を移し浮力を得て活動しやすさを確保した。その結果、住まいを地球サイズに拡大できたのです。これがクジラにとっての「幸福の実現」ということなのです。

すべての人は「幸福になるために生まれてきた」。私はよくこうお話ししますが、これは生命科学に基づいた真理なのです。

「幸福になろう」という強い思いは命の営みそのものです。幸福の実現に向かって生きようとしないならば、生きている意味はありません。

クジラの幸福が大海で生きるという選択であったように、普遍的な幸福の定義はありません。

私にとっての幸福の定義は成長の実感を得ることです。五〇代になり、縦に伸びる成長だけでなく、内的な能力や人間性が深みを帯びてくる、成長というより成熟の実感を得るときも、たとえようもないほどの幸福を感じます。

私はよく、「幸福感度、幸福のセンサーも磨きましょう」とお話ししています。自分にとって何が幸福かを見極めると同時に、**ほんの小さなことにも幸福を感じるチカラ。わずかな変化も鋭くとらえて幸福を感じるセンサー。**

そのチカラ、そのセンサーを磨いていきたいと思うのです。

他の人にはほとんど分からないくらいの成長でも、「今日も成長できた」と歓べるようになれれば、毎日、深い幸福感に満たされます。

自分の内にある「幸福になる力」をつき動かすのは、その小さな幸福感なのです。ほんの小さなことにも幸福を感じることができるようになると、「幸福になる力」はさらに強化され、どんどん幸福になっていくという連環が出来上がっていくのです。

小さな幸運を見つけたら、少しオーバーかもしれないな、と思うくらい大喜びしてしまいましょう。こうした習慣の積み重ねが、やがてあなたを幸福体質に変えていくのです。

1%の人になるために

幸福体質の持ち主になる

HAPPINESS

44

うまくいっている1％の人は、

「幸福を認識する力」が高い

うまくいっていない99％の人は、

「幸福を認識する力」が退化している

ほとんどの人は、いまの毎日に満足できているとはいえないかもしれません。もっと能力を発揮できるはずなのにとか、もっと評価されてよいのに、という思いがどこかにある。どこかにうっすらと不満を持っていることを感じている人も多いでしょう。

自己啓発や行動原理について学ぶ機会がないままだったら……私もそういう一人だったのではないかと思うことがあります。

この世に生まれてきた瞬間は、誰でも最大価値を持つものとして祝福されます。生まれたての赤ん坊は両親に、何物にも代えることができないものと受け入れられ、ただ呼吸し、存在しているだけで、無上の幸福まで与えるのです。

ところが、次の瞬間から早くもその幸福は少しずつ陰り始めます。そして徐々に後退していく。肉体的なピークや能力の最高点ということではなく、幸福の源泉としての存在感が徐々に後退に向かってしまうのです。

子どものころは自分にどこといって不満はなかったのに、大人になったいま、自分を好きになれない。ダメ人間ではないかとまで思うことがある。もしそうなら、それはあなたがダメになったからではなく、あなたの幸福を感じ取る力が後退してしまったためです。

何もしなければ、この先もその後退はさらに進み、人生を肯定的にとらえる力も弱々しくなっていってしまったかもしれません。

そういう意味では、**幸福感の陰りに気づいたことはなんと幸運なことでしょう。**いま、再び、幸福感を高めようとすれば、後退から前進へ方向はきっと変えられるはず。後退に気づいたときは再び、人生を前進に向かってギアチェンジする最高のチャンスなのです。

1%の人になるために

まず「幸福感の陰り」を認識する

HAPPINESS

45

うまくいっている
1%の人は、

楽しみながら努力を続ける

うまくいっていない
99%の人は、

歯をくいしばって頑張る

幸福体質の持ち主にとって、不幸や不運はこの世にないのも同然という状態になるでしょう。自分に起こることはすべて「幸運の種」に変えてしまうチカラを身につけているからです。

すべてが「思いどおりにうまくいく」と信じて、思いどおりの結果になることをワクワク期待しながら、新たな挑戦を楽しんでください。

大事なのは、その挑戦を心から楽しむことです。歯をくいしばって三時間頑張るよりも、一〇分間でも楽しみながら努力するほうが、確実に結果に繫がり、幸福にも繫がっていきます。

楽しむ、喜ぶ、面白がる。ときめくこと。期待すること。ワクワク。ウキウキ。上機嫌。静かに満たされていること。おだやかな充足感にひたること……。

あなたの行動すべてが幸福を実現する方向に向かっていきます。

まだ、どこかうまくいかないと嘆いていたり、結果の出ない空《むな》しい努力を続けているなら、いったん心を空っぽにして、リセットするとよいでしょう。

少しの間、ニュートラルな状態を続けてから、自分がいちばん好きなこと（それさえしていればイヤなことも気にならなくなること）を夢中になってやってみましょう。夢中になっている間にネガティブな思いはきれいに消え、代わって、きっとうまくいくという予感が込みあげてくるでしょう。

「幸福になる力」が働き出したのです。

人生をリセットする。好転させる。大きく前進させる。高い幸福を実現する。こうしたことは、自分の力でしかできません。

たった1%のうまくいく人とは、「幸福になる力」を最大限、使うことを身につけた人なのです。

あなたもそうなれます。その可能性は一〇〇%だと、私は確信しています。

1%の人になるために

「すべてがうまくいく人」に変わる

著者紹介
井上裕之（いのうえ ひろゆき）
歯学博士、経営学博士、コーチ、セラピスト、経営コンサルタント、医療法人社団いのうえ歯科医院理事長。島根大学医学部臨床教授、東京歯科大学非常勤講師、北海道医療大学非常勤講師、ブカレスト大学医学部客員講師、インディアナ大学歯学部客員講師、ニューヨーク大学歯学部インプラントプログラムリーダー、ICOI国際インプラント学会Diplomate、日本コンサルタント協会認定パートナーコンサルタント。
1963年、北海道生まれ、東京歯科大学大学院修了。歯科医師として世界レベルの治療を提供するために、ニューヨーク大学をはじめ、海外で世界レベルの技術を取得。６万人以上のカウンセリング経験を生かした、患者との細やかな対話を重視する治療方針も国内外で広く支持されている。また、医療に関することだけでなく、世界中のさまざまな自己啓発、経営プログラムなどを学びつづける。現在はセミナー講師としても全国を飛び回り、会場は常に満員となり、2012年８月には日本青年館で1,000名の講演を成功させる。
著者としてのデビュー作である『自分で奇跡を起こす方法』（フォレスト出版）はまたたく間に10万部を突破し、話題になる。『30代でやるべきこと、やってはいけないこと』（フォレスト出版）は、シリーズ20万部を突破。他に『「学び」を「お金」に変える技術』（かんき出版）、『後悔しない人生を送るたった１つの方法』（中経出版）、『がんばり屋さんのための、心の整理術』（サンクチュアリ出版）もベストセラーに。著書累計は85万部を突破した。最新作は『価値ある生き方』（大和書房）。

編集協力：菅原佳子

本書は、書き下ろし作品です。

ＰＨＰ文庫

なぜかすべてうまくいく
1%の人だけが実行している45の習慣

2013年11月20日　第1版第1刷
2024年11月1日　第1版第31刷

著　者　井上裕之
発行者　永田貴之
発行所　株式会社ＰＨＰ研究所
東京本部　〒135-8137 江東区豊洲5-6-52
ビジネス・教養出版部　☎03-3520-9617(編集)
普及部　☎03-3520-9630(販売)
京都本部　〒601-8411 京都市南区西九条北ノ内町11
PHP INTERFACE　https://www.php.co.jp/
組　版　朝日メディアインターナショナル株式会社
印刷所　株式会社光邦
製本所　東京美術紙工協業組合

ISBN978-4-569-76036-0

PHP文庫

凄いことがアッサリ起きる44のルール

山﨑拓巳 著

「凄い人の3メートル以内に入る」「『ワクワク』にしたがう」など、ちょっとした行動で、夢がアッサリと実現する驚きのコツを伝授！